大学生安全教育

刘永富　王忠云　主编

化学工业出版社
·北京·

学校的安全工作事关学生生命安全、健康成长、人才培养质量。构建完备的安全教育体系，仅凭制度和措施是不够的，还要通过切实有效的执行落实到每个人的身上。大学生是否具有自我保护意识和保护能力，是他们能否远离危险、防范侵害的关键。

本书内容包括与大学生日常生活息息相关的国家安全、人身安全、网络与信息安全、交通安全、消防安全、财产安全、日常生活卫生安全、校园稳定和校园安全、公共安全、大学生就业安全等诸多方面。旨在通过相关安全内容的介绍帮助学生提高自我防范意识，提升危险情况下自助、自救的能力，使学生远离危险，远离灾难。

图书在版编目（CIP）数据

大学生安全教育／刘永富，王忠云主编．—北京：化学工业出版社，2014.8（2016.3 重印）

ISBN 978-7-122-20929-0

Ⅰ．①大…　Ⅱ．①刘…②陈…　Ⅲ．①大学生－安全教育－教材　Ⅳ．①G645.5

中国版本图书馆 CIP 数据核字（2014）第 127773 号

责任编辑：宋　薇　马　波　　　　装帧设计：张　辉
责任校对：边　涛

出版发行：化学工业出版社（北京市东城区青年湖南街13号　邮政编码100011）
印　　装：大厂聚鑫印刷有限责任公司
850mm×1168mm　1/32　印张 $6^3/_4$　字数221千字
2016年3月北京第1版第2次印刷

购书咨询：010-64518888（传真：010-64519686）
售后服务：010-64518899
网　　址：http://www.cip.com.cn
凡购买本书，如有缺损质量问题，本社销售中心负责调换。

定　　价：21.00元

前言

安全是人类生存和发展的基础，也是社会存在和进步的前提。随着社会的发展和人类的进步，人类对安全问题的认识和需求也不断提高。学校的安全工作事关学生生命安危，关系到学生健康成长和人才培养的质量，关系到千千万万个家庭的幸福，关系到党和政府在人民群众中的威信和形象。学校的安全工作，在上级有关部门的指导下形成了比较完善的安全制度，制订了一系列的安全预案和防范措施，构建了完备的安全教育体系。但仅仅有制度和措施是不够的，制度和措施的落实要靠人，校园安全工作的相关人员是否具有安全意识更重要。校园安全问题涉及校外也涉及校内，有些是显而易见的而有些是容易被忽视的，需要我们有足够清醒的认识。

大学生是否具有自我保护意识和保护能力，是他们能否远离危险、防范侵害的关键。近几年来，我国高校普遍把大学生安全教育提上重要日程，并针对性地加大防范措施。因车祸、火灾、触电、溺水等意外伤害而死亡的大学生人数逐年增加。不知道危险的存在是大学生面临的最大危险。

编写本书的目的是帮助大学生提高自我防范能力和危险情况下的自助自救能力，远离危险、远离灾难的安全目标。全书共分十章，绪论由王忠云编写，第一章～第三章由刘永富编写，第四章由海霞编写，第五章由陈秀英编写，第六章由王忠云编写，第七章、第八章由刘俊富编写，第九章由包宝柱编写，第十章由牛博编写。参加编写相关工作的还有杨英、刘铮、石磊、张彦博、马洪玲、伊丽亚、毛佳丽、云文涛和徐德等。

本书不仅仅是一本大学生安全教育的教材，更是一本非常实用的课外读物，大学生们课余时间阅读可以掌握防护的办法；高校教师阅读可以通过班会、党课或利用课余时间学习、讨论本书内容，引导、帮助大学生掌握预防侵害、保护自己的知识和方法。

在本教材的编写过程中，参考、引用了有关专家、学者的著作和文献，在此一并表示衷心的感谢！

由于笔者水平有限，本书若有疏漏与不妥之处，恳请广大读者批评指正。

编者

2014年7月

目录

绪 论

提高大学生安全意识是教育发展与改革的必然趋势，是全面推行素质教育的基石，是学生步入社会的必要前提。只有加强大学生的安全意识，才能使其在学习和生活中减少不安全现象的困扰，对于完善大学生自身生理、心理发展，培养高素质合格人才具有重大的意义。

一、当代大学生安全意识现状

1. 安全意识低

从大学生自身内因来分析，他们生理发育基本成熟但心理成熟滞后，个性趋向定型，但可塑性大。具有人生观不明确、做事麻痹大意、法制观念淡薄、遇事欠思考、社交需求强烈，但经验不足等特点。这些决定了大学生必然面临诸多安全问题的困惑。

2. 安全防范能力差

当前，许多大学生不仅安全意识低，而且缺乏安全防范能力。很多学生不知道教学楼和宿舍的灭火器在哪里，不知道如何使用灭火器，甚至在寝室中使用过“热得快”等大功率违章电器等，并在遇到安全事故时表现为不沉着、不冷静。

3. 大学生安全意识教育滞后

目前，一些高校对大学生安全教育的认识滞后于形势的发展，不能深刻地认识加强大学生安全教育与培养高素质合格人才的关系。当前，许多高校对在校学生的安全教育不重视或重视不够，领导机制不健全，在进行必要的安全教育时也没有统一的规划和计划，最终致使大学生安全教育流于形式。

二、影响大学生安全意识的因素

1．社会历史条件对大学生安全意识的影响

大学生的安全意识必定受到当时社会历史条件的限制。只有社会发展到一定的时期，大学生才会有相应的安全意识。如安全意识中的智力因素，是人类在生产劳动中不断认识、总结、积累所得。随着社会的进步，知识的沉淀和积累，大学生的安全认识水平不断提高，也无形中提高了安全意识。

2．经济条件对大学生安全意识的影响

经济条件，即大学生生活的物质基础所在。物质财富一直是一个国家富强、繁荣的象征，也一直是人们所追求的主要目标。经济水平决定着安全意识发展水平，大学生的安全意识不可能超出他们所在社会的经济条件。但当经济状况达到一定水平，大学生就会自发地对安全提出更高的要求，对风险高的工作可能就会很慎重。目前，我国的经济实力还不够强大，因此大学生的安全意识仍受到制约。

3．个人层面上的影响因素

个人层面上的影响因素主要体现在大学生由于性格、年龄、文化程度、生活阅历等的差异，对危险发生的可能性和后果、对安全的重要性认识等有较大的差别。一般是随着年龄的增加、文化程度的提高，对于安全的认识会越来越深刻、透彻，安全意识也会更强。

三、提高大学生安全意识的对策

1．在内涵教育中培养大学生安全意识

大学生安全意识涉及的内容非常广泛，可以包括安全防范意识、校规校纪意识、法律法规意识、网络安全意识、消防安全意识、交际交友安全意识等。开展安全意识教育应与高校的一切教育

活动相联系，应与学校的思想政治教育、道德教育、民主法制教育、校纪校规教育、教育等相结合，确保安全教育落到实处，发挥实效。

2. 突出重点提高教育实效

加强学生安全意识教育，既要全面展开，更要有重点地进行，做到点面结合，以点带面。一是抓重点人的安全意识教育。要因人制宜进行区别教育，防止因严重违反校纪校规造成安全事故；二是抓重点场所的安全意识教育。如对防火、防爆有一定要求的实验室等场所，要教育学生严格遵守实验操作规程，防止意外事故发生。因此，在对大学生的安全意识教育中除了要将相关知识传达至学生，更要加强学生的安全知识应用。

3. 教育形式应多样

目前，大部分高校开展的安全知识教育形式单一，除安全知识讲座外，几乎没有其他的形式和内容，安全教育没有形成系统化和多元化。这跟高校大力倡导加强安全教育、增强学生安全意识是极不相称的。学校各部门要牢固树立“培养学生安全意识人人有责”的思想观念，找准切入点，积极开展安全实践活动，充分融入安全知识教育的内容。如安全手抄报比赛、安全板报、安全网站、安全短信等。学校还应当把“安全教育”列为一门必修课或选修课，从而为学生的安全知识教育和安全意识培养提供有力的保障。

第一章 国家安全

随着高校改革开放的深入，境外人员来高校参观访问、举办讲座、讲学、留学、科技合作等情况日益增多，使高校的国家安全工作面临许多新的问题。为提高大学生的国家安全意识，使其能正确认识改革开放条件下隐蔽斗争的新形式和新特点，自觉抵御境内外敌对势力的渗透活动。

第一节 树立国家安全意识

一、国家安全

（1）概念：国家安全是国家的基本利益，是一个国家处于没有危险的客观状态，也就是国家没有外部威胁和侵害也没有内部混乱和疾患的客观状态。

（2）基本内容：国民安全、领土安全、主权安全、政治安全、军事安全、经济安全、科技安全、生态安全、信息安全、文化安全。其中国民安全是国家安全的核心，军事安全是国家安全的支柱，文化安全是国家安全的基础。

二、危害国家安全的行为

《中华人民共和国国家安全法》所称危害国家安全的行为是指，境外机构、组织、个人实施或者指使、资助他人实施的，或者境内

组织、个人与境外机构、组织、个人相勾结实施的下列危害中华人民共和国国家安全的行为。

（1）阴谋颠覆政府、分裂国家、推翻社会主义制度的行为。

（2）参加境外各种间谍组织，或者接受间谍组织或代理人的任务的行为。

（3）窃取、刺探、收买、非法提供国家秘密的行为。

（4）策动、勾引、收买国家工作人员叛变或者将防御设施、武器装备交付他国或敌方的行为。

（5）进行危害国家安全的其他破坏活动的行为。

① 组织、策划或者实施危害国家安全的恐怖活动。

② 捏造、歪曲事实，发表、散布文字或者言论，或者制作、传播音像制品，危害国家安全。

③ 利用设立社会团体或者企业、事业组织，进行危害国家安全活动。

④ 利用宗教进行危害国家安全活动。

⑤ 制造民族纠纷，煽动民族分裂，危害国家安全。

⑥ 境外个人违反有关规定，不听劝阻，擅自会见境内有危害国家安全行为或者有危害国家安全行为重大嫌疑的人员。

三、普及国家安全知识教育的紧迫性

随着高校改革开放深入，大学生的生活空间大大扩展，交流领域也不断拓宽。在校期间大学生除了进行正常的学习、生活外，还需要走出学校参加各种社会实践活动。在这种情况下，如果缺乏必要的社会生活知识，尤其是安全知识，势必会导致各种安全问题。因此，加强大学生的安全教育，增强安全意识和自我防范能力，已迫在眉睫、刻不容缓。

根据《刑法》第一百一十一条规定：为境外的组织机构、组织、人员窃取、刺探、收买、非法提供国家安全秘密或者情报的，处五年以上十年以下有期徒刑；情节特别严重的，处十年以上有期徒刑或者无期徒刑；情节较轻的，处五年以下有期徒刑、拘役、管制或者剥夺政治权利。

目前，我国所面临的国际环境复杂多变，而许多大学生的国家安全意识不强，认识过于狭隘，具体体现在以下几个方面。

（1）当前我国面临的环境复杂多变，安全形势不容乐观。这主要表现为境外敌对势力和间谍情报机构为达到分化、西化中国的目的，一方面利用各种渠道，以公开或秘密的方式，传播西方的政治和经济模式、价值观念以及腐朽的生活方式，培养和平演变的“内应力量”。另一方面采取金钱收买、物质利诱、色情勾引、出国担保等手段，或打着学术交流、参观访问、洽谈业务等幌子，刺探、套取、收买我国家和单位秘密。

（2）大学生对国家安全也存在着种种模糊的认识。许多大学生缺乏国家安全意识，对国家安全的认识存在局限性。这具体体现在以下几个方面。

① 大学生对国家安全还停留在军事、战争、国防、领土、情报、间谍这样一些传统的、局部的认识上。当前，国家安全既包括国土安全、主权安全、政治安全、经济安全、国防安全、国民安全等传统内容，也包括文化安全、科技安全、金融安全、信息安全等方面的新内容。因此，全方位理解国家安全有助于端正大学生的思想认识，增强国家安全意识。清楚地认识到这一点对大学生加强国家安全意识有着十分重要的作用。

② 讲国家安全，大学生会自然联想到美国的中央情报局、联邦调查局以及国家安全机关、军队、警察身上，这种把国家安全等同于情报间谍活动的片面认识，使大学生不能自觉地把维护国家安全与自身的责任联系起来，或多或少地、有意无意地认为“国家安全与己无关”。此种观念和想法是极其错误的，维护国家安全不仅是公民的权利也是公民的义务。《中华人民共和国宪法》第三十三条、第五十四条规定：“中华人民共和国公民有维护祖国的安全、荣誉和利益的义务，不得有危害祖国的安全、荣誉和利益的行为。”《中华人民共和国国家安全法》第三章中明确作出了公民和组织维护国家安全的义务和权利的规定。大学生应该以国家主人翁的姿

态，积极享受和履行维护国家安全的各项权利和义务。

③ 随着我国经济发展、社会稳定、人民安居乐业，国际地位与日俱增，和平环境使大学生自觉不自觉地对国内外敌对势力的破坏活动放松了警惕，淡化了安全意识，认为“对外开放无密可保”、“和平期间无间谍”等。由于思想麻痹，造成国家的一些机密被泄露，更有甚者，个别经不起金钱、美色等种种诱惑，不惜丧失国格人格，出卖情报，给国家安全和利益造成重大损失，教训极为惨痛深刻！

四、维护国家安全是当代大学生的职责

1. 我国所面临严峻复杂的国际形势的成因

（1）我国是社会主义国家，和西方国家在意识形态上存在着巨大的差别。由于历史原因和国家自身利益等方面原因，我国在许多问题上与西方一些国家存在着一定的分歧。

（2）随着改革开放的进行，我国的经济有了较快的发展，国际竞争力和国家地位得到了加强，实现了中国崛起。面对我国所取得的巨大成就，一些国家别有用心地提出了“中国威胁论”，他们的一些举措给我国的国家安全构成了一定的威胁。

（3）科学技术迅速发展，网络等电子讯息技术广泛地用与经济交往当中，然而我国却是立法滞后，执法不严这么一个法律现状，给实施危害国家安全的犯罪分子提供了可趁之机。

（4）当代大学生由于涉世不深，国家安全意识相对薄弱，同时深受西方享乐主义和拜金主义的影响，在思想上存在着深刻的危机。

（5）从爱国主义教育方面来看，目前的爱国主义观念淡化，学校进行的爱国主义教育方式也十分僵化，内容空洞，空喊口号，效果欠佳。

（6）大学校园是一个思想活跃的地方，大学生处在这种思想活跃的环境中，却缺乏正确的引导，势必被一些不良思想所左右。

面临如此复杂严峻的安全形势，涉世不深的大学生对国家安

全还存在模糊不清的认识，这就迫切需要对大学生进行安全教育。培养国家安全知识，树立新的国家安全观，既是必要的，也是紧迫的。

2. 大学生怎样维护国家安全

有国家就有国家安全工作，无论处于什么社会形态，或者实行怎样的社会制度，都会视国家利益为最高、最根本的利益，将维护国家安全列为首要任务。所以，每位大学生都应当成为国家安全和利益的自觉维护者。

（1）要始终树立国家利益高于一切的观念。邓小平同志指出："国家的主权、国家的安全要始终放在第一位"。一位已故的政治家也说过："没有永久不变的国家友谊，只有永久不变的国家利益"。国家安全涉及国家社会生活的方方面面，是国家、民族生存与发展的首要保障。科学技术是没有国界的，但知识分子不能没有自己的祖国。所以，把国家安全放在高于一切的地位，是国家利益的需要，又是个人安全的需要，也是世界各国的一致要求。

（2）要努力熟悉有关国家安全的活动、法规。有人统计，涉及有关国家安全和保密工作的法律、法规、规章制度有一百多种，我们都应该有所了解，弄清什么是合法，什么是违法，可以做什么，不能做什么。其中，特别应当熟悉以下一些法律、法规——宪法、国家安全法、保密法、刑法、刑事诉讼法、科学技术保密规定、出国留学人员守则等，对遇到的法律界线不清的问题，要肯学、勤问、慎行。

（3）要善于识别各种伪装。从理论上讲，有关国家安全的常识、规定都比较完善了，依规行事不会出什么大问题，但是，实际生活比我们想象的要复杂得多。比如，有的间谍情报人员采用五花八门的手段，套取国家秘密、科技政治情报和内部情况。如果丧失警惕，就可能上当受骗，甚至违法犯罪。因此，在对外交往中，既要热情友好，又要内外有别、不卑不亢；既要珍惜个人友谊，又要牢记国家利益；既可争取各种帮助、资助，又不失国格、人格。识别伪装既难又易，关键就在淡泊名利，对发现的别有用心者，要依法及时举报，进行斗争，不准其恣意妄行。

（4）要克服妄自菲薄等不正确思想。任何国家都有自己的安全与利益，也有别人没有的政治、经济、文化、军事、科技、资源和秘密，还有独具特色的传统工艺等。也就是说，再富有的国家不可能应有尽有，再贫穷的国家也不可能一点没有别国羡慕的东西。我国是发展中的国家，但又是不可小视的国家。所以，作为中国人要挺直腰板，决不妄自菲薄、悲观失望。要看到我们也有许多世界第一的“中国特色”，有一系列国家秘密和单位秘密。对这一切，如果没有正确的认识，就可能在许多问题上产生错误的看法。

（5）要积极配合国家安全机关的工作。国家安全机关是国家安全工作的主管机关，是与公安机关同等性质的司法机关，分工负责间谍案件的侦查、拘留、预审和执行逮捕。当国家安全机关需要大家配合工作的时候，工作人员表明身份和来意之后，每个同学都应当按照《国家安全法》赋予的七条义务的要求，认真履行职责。尽力提供便利条件或其他协助，如实提供情况和证据，做到不推、不拒，更不以暴力、威胁方法阻碍执行公务，还要切实保守好已经知晓的国家安全工作的秘密。

第二节　保守国家机密

一、国家机密

（1）概念：国家机密指关系国家的安全和利益，依照法定程序确定，在一定时间内只限一定范围的人员知情的事项。保守国家秘密是中国公民的基本义务之一，国家机密的泄露会使国家的安全和利益遭受损害。

（2）等级：国家机密是指某些涉及重大国家安全、经济以及政治利益的消息。国家机密一般为政府高级官员和国会议员掌握，他们因此也往往成为泄密的关键人群。经依《中华人民共和国保守国家秘密法》核定机密等级。依照该法律，将机密资料分为绝密、极密和秘密三种。绝密级国家秘密是最重要的国家秘密，泄露会使国家安全和利益遭受特别严重的损害；机密级国家秘密是重要的国家秘密，泄露会使国家安全和利益遭受严重的损害；秘密级国家秘密是一般的国家秘密，泄露会使国家安全和利益遭受损害。

（3）保密期限：国家秘密的保密期限，应当根据事项的性质和特点，按照维护国家安全和利益的需要，限定在必要的期限内；不能确定期限的，应当确定解密的条件。国家秘密的保密期限，除另有规定外，绝密级不超过三十年，机密级不超过二十年，秘密级不超过十年。机关、单位应当根据工作需要，确定具体的保密期限、解密时间或者解密条件。机关、单位对在决定和处理有关事项工作过程中确定需要保密的事项，根据工作需要决定公开的，正式公布时即视为解密。

二、泄露国家机密的行为

1. 概念

《保密法实施办法》第三十五条对泄露国家秘密的行为作了明确解释。“泄露国家秘密”是指违反保密法律法规和规章的下列行为之一：（一）使国家秘密被不应知悉者知悉的；（二）使国家秘密超出了限定的接触范围，而不能证明未被不应知悉者知悉的。

上述第一种行为是泄露国家秘密的行为，这是不言而喻的。第二种行为为什么也是泄露国家秘密的行为呢？这是因为，违反保密法律、法规和规章，使国家秘密失去合法的、有效的控制可能会出现以下两种情况。

① 能够确实证明国家秘密未被不应知悉者知悉。

② 不能够确实证明国家秘密未被不应知悉者知悉。

第一种情况虽未造成泄密，但它是属于违反保密法规的行为，应当按违反《保密法》论处；第二种情况则应视为泄密。因为在实际生活中，使国家秘密超出限定的接触范围以后，在绝大多数情况下，都难以确实证明国家秘密未被不应知悉者知悉；同时国家秘密失控或泄露后，其危害后果往往是潜在的，有的甚至在相当长的时间内都无法得到证实。如果把危害后果规定为构成泄密的必要条件，那么，在泄密案件的处理上，就会出现久拖不决的现象，对严重的违法泄密犯罪行为也难以给予及时准确的打击和制裁。这对保守国家秘密，维护国家的安全和利益是不利的。

2. 泄露国家秘密分类

泄露国家秘密又分为故意泄露国家秘密和过失泄露国家秘密两种情况。故意泄露国家秘密，是指行为人明知自己的行为会造成国家秘密失控，给国家的安全和利益造成损害的结果，却希望或放任这种结果发生。过失泄露国家秘密，是指行为人应当预见到自己的行为会造成泄露国家秘密的后果，却思想麻痹、疏忽大意，不按照有关规定对国家秘密实施有效的管理而泄露国家秘密，或者虽然预见到自己的行为会造成泄露国家秘密的后果，却因过于自信、心存侥幸而泄露国家秘密。过失泄露国家秘密，尽管行为人没有主观上的故意，但是给国家的安全和利益所造成的损害却是显而易见的。在现实生活中过失泄密在泄密事件中所占的比例是比较高的。

《刑法》和《保密法》都明确规定，情况严重的过失泄露国家秘密也是一种犯罪行为。作出这样的法律规定，有利于提高人们的警觉，减少泄密事件的发生，有利于维护国家的安全和利益。至于情节严重与否，则可从行为人的主观恶性、泄密行为发生前后的表现、泄密行为发生的特定时间与地点，以及已经造成或可能造成的危害后果等方面综合予以考察判断。

3. 相应的法律责任

根据中华人民共和国刑法（2011年修正）第三百九十八条之规定，国家机关工作人员违反保守国家秘密法的规定，故意或者过失泄露国家秘密，情节严重的，处三年以下有期徒刑或者拘役；情节特别严重的，处三年以上七年以下有期徒刑。非国家机关工作人员犯前款罪的，依照前款的规定酌情处罚。

三、大学生如何保守国家机密

大学生应当遵守各级国家机关、单位对所产生的国家秘密事项，应当依照国家有关保密规定确定密级和保密时间。任何国家机关、单位的工作人员都要严格遵守有关的保密制度，不随便探知不应知晓的国家秘密；不在私人交往和通信中泄露国家秘密；不在公共场所谈论国家秘密；不非法携带、传递、邮寄有关国家秘密的文件、资料和其他物品等。

第三节　反对恐怖主义　维护国家安全

一、恐怖主义

1. 概念

恐怖主义是实施者对非武装人员有组织地使用暴力或以暴力相威胁，通过将一定的对象置于恐怖之中，来达到某种政治目的的行为。国际社会中某些组织或个人采取绑架、暗杀、爆炸、空中劫持、扣押人质等恐怖手段，企求实现其政治目标或某项具体要求的主张和行动。恐怖主义事件主要是由极左翼和极右翼的恐怖主义团体，以及极端的民族主义、种族主义的组织和派别所组织策划的。

2. 恐怖主义的危害

（1）恐怖主义无视人类的任何道德规范，不受任何国际法约束，因此，它追求最具轰动、最具血腥、最具影响的各种恐怖活动方式，核、生、化等大规模杀伤性武器一直是其寻求使用的手段之一。一些恐怖组织逐渐超越传统，尝试高科技带来的恐怖效应。它们在异地建立支持性网站，从事各种培训、宣传等活动。利用现代两用技术如全球定位系统、移动电话等进一步加强其恐怖活动。特别需要指出的是，非暴力恐怖主义的危害越来越大，信息恐怖主义就是其中一个最突出的问题。恐怖主义利用互联网结成跨地区、跨国界的大型组织，利用网络的便利条件获取和发送各种信息、交流经验，利用网络从事各种犯罪活动；同时，他们也把这种支撑现代化社会的系统作为攻击目标：瘫痪网络、干扰攻击通信卫星等。此外，人们赖以生存的基础设施也处在恐怖活动的威胁之下。

（2）恐怖活动的手段由传统的绑架、劫持人质与暗杀等方式到使用爆炸、袭击、劫持以及生化武器和网络恐怖主义等。此外，当前恐怖主义的活动策略也在不断变化，手法越来越野蛮、残暴，以至于不择手段。它不仅带来人们的心理冲击，更有可能导致政府不稳定，带来社会经济的动荡，从而影响人们正常生活。

（3）在世界上许多地区，恐怖主义、民族分裂主义、宗教极端主义，这三股恶势力互相重叠，集中表现为国际恐怖主义。其具体活动是反人类、反社会，以绑架、暗杀、爆炸等极其残忍的手段制造大规模的恐慌。同时，恐怖主义与毒品买卖、武器走私、贩卖人口等跨国的有组织犯罪相联系，成为一些国家和地区长期动乱的主要原因。

二、恐怖主义的历史起源

作为人类冲突的一种表现形式，恐怖活动有着很长的历史。细究起来，恐怖活动应该追溯到古希腊和罗马时期。古希腊历史学家色诺芬就曾专门记述过恐怖活动对居民造成的心理影响。我国古代的荆轲刺秦王，古罗马的凯撒大帝遇刺都是著名的历史恐怖事件。1972年慕尼黑奥运会以色列运动员被绑架杀害是当代历史中的典型恐怖事件。

“恐怖主义”一词最早出现在18世纪法国大革命时期。为保卫新生政权，执政的雅格宾派决定用红色恐怖主义对付反革命分子。国民公会通过决议：对一切阴谋分子采取恐怖行动。由此我们不难看出恐怖主义不是反映一般的、孤立的、偶然的恐怖行动，而是指一种有组织、有制度和有政治目的的恐怖活动。

18世纪以前，恐怖活动基本上以暗杀、投毒为主要表现形式。1881年，沙皇亚历山大二世遇刺和1914年奥匈帝国斐迪南大公遇刺，是这一时期两起最严重的恐怖事件。他们都是在没有群众支持的情况下，通过谋杀某一政府要员向社会宣传自己的政治目的，吸纳民众参与。

国际恐怖主义的真正形成是在第二次世界大战之后，直到20

世纪60年代末这一时期完成的。在此期间，恐怖主义的活动热点是在殖民地、附属国或刚独立的民族国家，这一时期的恐怖事件明显增多，手段日趋多样，劫机、爆炸、绑架与劫持人质都有，袭击目标和活动范围已经超出国界，越来越具有国际性，逐渐形成了国际恐怖活动。

三、国际社会应对恐怖主义威胁的对策

恐怖主义带来了严重威胁，而针对这些威胁，国际社会中不同国家采取了不同应对措施。

1. 我国应对恐怖主义威胁

我国坚决反对各种形式的恐怖主义。这一立场历来坚定，旗帜鲜明。江泽民在德国外交政策协会的演讲“共同创造一个和平繁荣的新世纪”中说到“中国政府和人民坚定不移地谴责和反对一切形式的恐怖主义。国际社会应加强对话与磋商，开展合作，共同打击国际恐怖活动。”

此外，我们还积极支持和参与国际反恐合作。随着经济全球化和现代科技的不断发展，恐怖主义的国际化趋势大大加强。各国不仅难于在恐怖主义的袭击中置身事外，也不可能单独应对恐怖主义的威胁。中国政府一是积极支持并参与联合国主导下的国际反恐合作；二是倡导加强区域反恐合作；三是支持其他国家的反恐斗争。

我国更是强调反恐要标本兼治，综合治理。对于恐怖主义产生及蔓延的原因，我党和国家领导人有着清醒而深刻的认识。胡锦涛指出“冲突和动荡是恐怖主义滋生的温床，贫穷和落后是恐怖主义产生的土壤”。而现在国家领导人习近平也在加强与其他国家的外交关系。要彻底铲除恐怖主义，应在缓和地区与国际紧张局势、消除贫困和加强反恐合作的同时，从政治、经济、文化和社会等方面采取措施。

2. 美国应对恐怖主义威胁

“9·11”事件让美国重新调整了其全球安全战略理念和反恐措施。在安全战略理念上：一是用“先发制人”战略取代过去建立

在“互相确保摧毁”理论基础上的“威慑”和“遏制”战略。二是“恐怖威胁论”，美国认为威胁不是来自“强大的国家”，而是来自“一小撮居心叵测之徒掌握的毁灭性技术”，强调美国面临的“最严重威胁在于极端主义与技术的结合”，以注重本土安全为首要任务。三是“霸权稳定论”，只有掌握世界霸权，才能维持世界经济秩序稳定，从而最终维护美国的全球战略利益和本土安全。在反恐措施上，美国在国内建立了有效的国家反恐网络系统，对外确立“单边主义”，美军加速军队信息化转型，部署国家导弹防御体系，调整美全球驻军。

3. 联合国在国际反恐怖斗争中的主导作用

反恐斗争既是一项长期的任务，也是一项复杂的工程，需要国际社会的共同努力才能完成。为了解决当前反恐斗争中存在的问题，使国际反恐合作朝着健康的方向发展，联合国不仅要发挥更大作用，而且要起主导作用。因为，联合国是第二次世界大战以来涵盖国家最为广泛的国际政治机构，作用非常广泛，而且联合国已有12项反恐国际公约，这已经为联合国在今后国际反恐斗争中的主导作用奠定了良好的基础。因此，以联合国为框架，建立和完善全球性的反恐斗争合作机构，是彻底解决恐怖主义问题的根本出路。

当面对危机和冲突的时候，国际社会能否具有行动能力，在根本上取决于大国的态度。理论上，作为现存国际秩序的最大受益者，大国应该承担维护现存国际秩序、规则和道义的公共责任。在反恐的道路上，不管是实力强大的美国还是力量弱小的国家，都采取了自己的方式，都将反恐作为一项不可忽视的任务来对待。

第四节　崇尚科学　反对邪教

一、我国的宗教政策

1949年新中国成立后，中国政府制定和实施了宗教信仰自由政策，建立起符合国情的政教关系。中国公民可以自由地选择、表达自己的信仰和表明宗教身份。各种宗教地位平等，和谐共处，未发生过宗教纷争；信教的与不信教的公民之间也彼此尊重，团结和睦。

《中华人民共和国宪法》规定："中华人民共和国公民有宗教信仰自由。""任何国家机关、社会团体和个人不得强制公民信仰宗教或者不信仰宗教，不得歧视信仰宗教的公民和不信仰宗教的公民。""国家保护正常的宗教活动。"同时也规定："任何人不得利用宗教进行破坏社会秩序、损害公民身体健康、妨碍国家教育制度的活动。""宗教团体和宗教事务不受外国势力的支配。"

中国的《民族区域自治法》、《民法通则》、《教育法》、《劳动法》、《义务教育法》、《人民代表大会选举法》、《村民委员会组织法》、《广告法》等法律还规定：公民不分宗教信仰都享有选举权和被选举权；宗教团体的合法财产受法律保护；教育与宗教相分离，公民不分宗教信仰，依法享有平等的受教育机会；各民族人民都要互相尊重语言文字、风俗习惯和宗教信仰；公民在就业上不因宗教信仰不同而受歧视；广告、商标不得含有对民族、宗教的歧视性内容。

1994年1月，中国政府颁布了《宗教活动场所管理条例》，以维护宗教活动场所的合法权益。同年2月，中国政府还颁布了《中华人民共和国境内外国人宗教活动管理规定》，尊重在中国境内的外国人的宗教信仰自由，保护外国人在宗教方面同中国宗教界进行的友好往来和文化学术交流活动。

中国有关法律还规定，宗教教职人员履行的正常教务活动，在宗教活动场所以及按宗教习惯在教徒自己家里进行的一切正常的宗教活动，如拜佛、诵经、礼拜、祈祷、讲经、讲道、弥撒、受洗、受戒、封斋、过宗教节日、终傅、追思等，都由宗教组织和教徒自理，受法律保护，任何人不得干涉。

与世界许多国家一样，中国实行宗教与教育分离的原则，在国民教育中，不对学生进行宗教教育。部分高等院校及研究机构开展宗教学的教学和研究。在各宗教组织开办的宗教院校中，根据各教需要进行宗教专业教育。

在漫长的历史发展中，中国各宗教文化已成为中国传统思想文化的一部分。各宗教都倡导服务社会，造福人群。

二、邪教的主要特征

1. 概念

邪教是指冒用宗教或者其他名义建立的，对国家、社会、家庭和个人正常的生产生活秩序和生命财产安全都有着极为严重危害的组织。

2. 特征

（1）教主自我神化。邪教教主无不自封为超凡脱俗的“神”，声称自己和神相通，具有无限的“神力”，能救苦救难。他的话就是“神”的旨意，要求信徒绝对服从，不能有丝毫怀疑和反抗。

（2）编造异端邪说。世纪之交，有关“世界末日即将来临”、“人类大劫难”、“地球大爆炸”的传闻很多，更扰乱了人心。邪教教主正是利用了这些并推波助澜，造成恐慌心理，制造恐怖气氛，胁迫教徒盲目跟从，进而从思想、精神上牢牢控制教徒。

（3）组织封闭，行踪诡秘。邪教往往是封闭的、以教主为核心的严密组织，进行诡秘活动。西方邪教都组织了共同的社团，少则几十人，多则成百上千人聚居在一起。其成员都必须断绝与家人或亲朋好友的往来，加入到新的“家庭”中。教主是信徒的“父母”，教徒要对教主奉献自己的一切，包括思想、财产、肉体及生命。社团内没有电视、广播、报纸，有的只是记录教义的小册子及磁带，教徒过着苦行僧式的生活。

（4）教主聚敛钱财。邪教教主大都是非法敛财者，其主要手段是剥夺教徒的财产为己所有。

三、邪教对社会的危害

邪教不仅毒害人的肌体，而且侵蚀人的灵魂，对于社会的危害也是多领域、多方面的，具有反人类、反科学、反社会的本质。具体讲主要有以下几种危害。

（1）危害国家政治稳定。表现在破坏国内安定团结的政治局面；向公职部门渗透，侵蚀国家机构；挑战现行政治体制，反对国家政权。一些邪教在乡村设立组织、任命骨干，妄图取代农村基层政权。他们有目的地拉拢党、团员和基层干部，侵蚀基层党政组织。

（2）危害国家经济秩序稳定。表现在非法敛财，危害人民群众财产安全；进行经济犯罪，破坏社会生产及财政金融秩序。多数邪教散布“世界末日”、“地球大爆炸”等歪理邪说，哄骗群众交出财产，供邪教头子们大肆挥霍。邪教的歪理邪说，欺骗和误导了很多群众，致使一些邪教成员变卖家产用于吃喝，坐等“世界末日”，严重破坏了生产生活秩序，阻碍经济的发展。

（3）危害社会秩序稳定。表现在：破坏社会治安；蔑视法律，危害公共秩序；诬告滥诉，干扰司法正常进行；毒化社会风气；干涉婚姻，违背人伦，破坏家庭。邪教组织煽动成员抛弃家庭，外出传播邪教。许多成员因此离家出走，给家人造成了巨大痛苦。

（4）危害社会思想稳定。表现在：编造歪理邪说，制造思想混乱；制造恐慌心理和恐怖气氛；反科学、反文明，亵渎人文精神。

（5）践踏人权。表现在：残害生命，践踏人的生命权；扼杀自由，侵犯人的政治权利；诋毁宗教，伤害信教群众的名誉权。邪教欺骗群众加入组织的一个重要手段是声称“信教能治病”，一些群众因此耽误了治疗而导致死亡，或者被邪教用巫术治死、致残。

四、邪教猖獗的原因

20世纪60年代末以来，出现了世界性的宗教热，2000年即将到来时，信奉“世界末日论”的邪教组织空前活跃。他们利用千年之交到来时，一些人的浮躁、焦虑心理和所谓的“世纪末情结”，有的以“上帝”、“救世主”的名义，有的以“现代科学”的名义，有的以“爱”的名义兴风作浪，加紧活动，密谋制造危害人类生命财产安全的事端，大闹千禧年。他们四处制造恐怖气氛，扬言当2000年1月1日到来之时，就是现代人类文明毁灭之日。永无休止的劫难、饥荒、战争将会使人类世界在在这一天之后不久毁灭。正如美国邪教监督协会主任泰得·丹尼尔金最近曾指出的那样："笃信世界末日即将到来的人会做出很多违反常规的事情：破坏他们赖以生存的东西；挑起自己不可能获胜的争斗；谈论一些根本不可能发生的事情。"美国联邦调查局曾发布一份秘密报告，要求联邦探员在千禧年即将来临之际，警惕一些邪教、宗教极端分子、种族主义者和其他暴力社团的活动，严防他们以世界末日之名进行恐怖犯罪活动。对于邪教反社会、反人类的种种犯罪活动，任何一个负责任的政府都不会等闲视之，各国政府都在采取切实可行的积极措施，加大打击力度，严加防范，在世界各国的邪教活动愈演愈烈的情况下，抵制邪教逆流的进一步蔓延，已成为全世界人民面临的共同任务。

五、如何抵制邪教

1. 要学习科学文化知识，树立正确的理想信念

理论是实践的指南，思想是行动的先导。青年时期正处在世界观、人生观、价值观的形成期，乐于接受新的事物，善于接纳新观点，喜欢猎奇，可塑性强。要成为未来的建设人才，就离不开科学理论和先进思想的指引，只有用科学理论和先进思想武装起来的青少年，才能担负起建设国家的重任。

（1）树立远大的理想和正确的世界观、人生观和价值观。成大业者必先立大志，每一位有志的青年，无论身在何处，无论在什么岗位，都应当心系祖国和人民，把个人的抱负同全民族的共同理想统一起来，这样才能获得强大的前进动力，才能在建设祖国和服务人民中实现自己最大的人生价值。

（2）坚定社会主义事业信念。改革开放30年来中华大地发生的巨大变化证明，建设有中国特色的社会主义是祖国走向繁荣富强的正确道路。在振兴中华的征途上，广大青年只有坚定走中国特色社会主义道路的信念，才能保持正确的人生航向。

（3）学习掌握先进的知识和科学的思想。先进的知识和科学的

思想对于人的素质影响，对于一个国家生存和发展的影响越来越成为一种决定性因素。迷信与科学是对立的，青年要不断学习新知识，掌握科学方法，树立科学观念，养成科学的思维方式，逐步把自己培养成对社会有用的人。

2. 要崇尚科学，关爱家庭，珍爱生命、反对邪教。

（1）破除迷信，相信科学。首先要相信科学，坚持以科学的态度对待一切。生了病要及时到医院就诊，千万不要盲目信奉迷信的做法，以免耽误了治疗时机。其次要保持良好的健康心态，正确对待人生的坎坷，遇到不顺心的事，要找家长、老师或朋友倾诉，寻求帮助，千万不能为寻找精神寄托而误入迷信的圈套和邪教的泥潭。

（2）珍爱生命、关爱家庭。生命对每一个人都非常重要，珍爱生命、保护生命是文明社会的共识。而邪教却通过欺骗、引诱、胁迫等手法，把人们的生命掌握在他们的“精神控制”之中，一些相信邪教的人在“世界末日”、“升天”等歪理邪说的蛊惑下，放弃生命，走向极端，充当了邪教的“殉葬品”。我们要充分认清邪教泯灭人性、残害生命的邪恶本质，认清邪教对人们自身、对家庭、对社会的严重危害。

（3）崇尚文明，反对邪教。青年一代要树立科学健康的生活方式，不断增强免疫能力，我们要认清邪教反人类、反社会、反科学的本质，认清其对社会和青年的危害，大力倡导科学精神，弘扬精神文明，积极参与科学文明、健康向上的校园文化科技活动，用科学理论和知识武装头脑，做遵纪守法、崇尚科学、反对邪教的新一代。

3. 要加强反邪教知识学习，切实提高辨别和抵制邪教的能力

邪教活动都是违法的，需要在纷繁复杂的社会中，正确识别真伪，认清对错，自觉抵制邪教。

（1）不听、不信、不传。不听邪教的宣传，不信邪教的谬论，更不要去传播邪教。如果自己的家属、亲戚、朋友或邻里有人信了邪教，要关心帮助他们，提醒他们不要上当。对不怀好意的邪教人员的拉拢，要提高警惕，防止上当受骗。收到邪教宣传信件，及时上交到社区、学校或单位，电子邮箱中收到这类信件时，要及时删除，不要将一些不健康的内容相互传看。

（2）检举揭发邪教的违法活动。发现邪教在骗人、非法聚会、进行破坏活动时，要及时向学校或公安机关报告。如果自己的亲人参与邪教聚会、串联等违法活动，要及时劝阻。

（3）积极宣传，主动参与帮教活动。积极参与反邪教警示教育活动，不仅自己主动接受教育，还要动员和帮助亲友受教育，要用学到的反邪教知识，帮助亲属戳穿邪教骗人的“鬼把戏”。对迷上邪教的亲朋好友，要尽力劝说，并积极参与帮助工作，帮助他们早日脱离邪教。

第二章 人身安全

第一节 威胁人身安全

一、威胁人身安全的主要类型

人身安全是指个人的生命、健康、行动自由等与人的身体直接相关方面平安康健、不受威胁、不出事故、没有危险。人身伤害根据造成损害的原因，分为三个类型。

① 自然灾害造成的人身安全的伤害，如火山爆发、台风、飓风、地震、森林大火、水灾、雷击、海啸等。

② 意外事故造成的人身安全的伤害，如运动损伤、食物中毒、溺水、烧（烫）伤、化学物质灼伤、触电，爆炸等。

③ 不法侵害造成的人身安全的伤害，如打架斗殴、抢劫、滋扰、性侵害等。

二、预防自然灾害对人身安全的威胁

1. 地震灾害的预防

（1）如果在平房里，突然发生地震，要迅速钻到床下、桌下，同时用被褥、枕头、脸盆等物护住头部，等地震间隙再尽快离开住房，转移到安全的地方。地震时如果房屋倒塌，应待在床下或桌下不要移动，等到地震停止再到室外或等待救援。

（2）如果住在楼房中，发生了地震，不要试图跑出楼外。最安

全、最有效的办法是，及时躲到两个承重墙之间最小的房间，如厕所、厨房等。也可以躲在桌、柜等家具下面以及房间内侧的墙角处，并且注意保护好头部。千万不要去阳台和窗下躲避。

（3）如果正在上课时发生了地震，不要惊慌失措，更不能在教室内乱跑或争抢外出。靠近门的同学可以迅速跑到门外，中间及后排的同学可以尽快躲到课桌下，用书包护住头部；靠墙的同学要紧靠墙根，双手护住头部。

（4）如果已经离开房间，千万不要地震一停就立即回屋取东西。因为第一次地震后，一般会接着会发生余震，余震对人的威胁更大。

（5）如果在公共场所发生地震，不能惊慌乱跑。可以随机躲到就近比较安全的地方，如桌柜下、舞台下。

（6）如果正在街上，绝对不能跑进建筑物中避险。也不要在高楼下、广告牌下、狭窄的胡同、桥头等危险地方停留。

（7）如果地震后被埋在建筑物中，应先设法清除压在腹部以上的物体；用毛巾、衣服捂住口鼻，防止烟尘窒息；要注意保存体力、设法找到食品和水，创造生存条件，等待救援。

2. 雷击灾害的预防

雷电是一种常见的大气放电的自然现象，放电时产生的光是闪电，闪电使空气受热迅速膨胀而发出的巨大声响是雷，雷雨天容易遭受雷击，致人受伤甚至死亡。避免雷击应当做到以下几点。

（1）在外出时遇到雷雨天气，要及时躲避，不要在空旷的野外停留。

（2）雷电交加时，如果在空旷的野外无处躲避，应该尽量寻找低凹地（如土坑）藏身，或者立即下蹲、双脚并拢、双臂抱膝、头部下俯，尽量降低身体的高度。如果手中有导电的物体（如铁锹、金属杆雨伞），要迅速抛到远处，千万不能拿着这些物品在旷野中奔跑，否则会成为雷击的目标。

（3）特别要小心的是，遇到雷电时，一定不能到高耸的物体（如旗杆、大树、烟囱、电杆）下站立；这些地方最容易遭遇雷击。

3. 洪水暴发时如何自救

一个地区短期内连降暴雨，河水会猛烈上涨，漫过堤坝，淹没农田、村庄，冲毁道路、桥梁、房屋，这就是洪水灾害。发生了洪水，如何自救呢？

（1）受到洪水威胁，如果时间充裕，应按照预定路线，有组织地向山坡、高地等处转移；在措手不及，已经受到洪水包围的情况下，要尽可能利用船只、木排、门板、木床等，做水上转移。

（2）洪水来得太快，已经来不及转移时，要立即爬上屋顶、楼房高屋、大树、高墙，做暂时避险，等待援救。不要单身游水转移。

（3）在山区，如果连降大雨，容易暴发山洪。遇到这种情况，应该注意避免渡河，以防止被山洪冲走，还要注意防止山体滑坡、滚石、泥石流的伤害。

（4）发现高压线铁塔倾倒、电线低垂或断折；要远离避险，不可触摸或接近，防止触电。

（5）洪水过后，要服用预防流行病的药物，做好卫生防疫工作，避免发生传染病。

总之，要有预防意识，保持良好的防护习惯。留心观察身边的人和事，及时规避可能的侵害。发生案件、发现危险要快速、准确、实事求是地报警求助。主动积极维护校园及周边治安秩序，创造和谐有序的环境。

三、预防意外事故对人身安全的威胁

1. 煤气中毒

冬季煤气中毒的案例中90%以上都是由煤炉引起的，真正管道煤气或者液化气中毒不是很多见，这是因为天气转冷后，有的人特别是城乡结合部的居民们仍然倾向于用煤炉取暖，如果房间空间狭小很容易造成房间内一氧化碳富集、严重缺氧，从而造成煤气中毒。

如何判断是否已经煤气中毒？如果进入房间闻到有煤气味，出现呼吸困难、呕吐、四肢抽搐甚至昏迷、人事不省的情况就应该考虑是煤气中毒。煤气中毒者的唇色和面色还会出现明显的樱桃红色，这是尤其值得注意的。

发现有人煤气中毒，进入溢满煤气的室内抢救前，首先吸一大口空气，然后用湿毛巾或手帕等捂着鼻子进入室内，关掉煤气开关，打开窗户，保持室内空气通畅3～5分钟，注意千万别开电灯，不能使用打火机、火柴等，谨防爆炸。然后对于程度较轻的中毒者可以将其摆放至通风处，千万别忘带上一床被子帮助其保暖。在等待急救人员来临之前还应注意的是，中毒者会出现呕吐等症状，一定要将他的头偏向一侧，防止呕吐物堵塞呼吸道。

2. 高坠事故

发现有人高坠，切记在医护人员到来之前千万不要动坠落者，因为坠落者普遍存在头部和四肢骨折，更为严重的是高坠会导致胸腹腔内脏破裂，以及颈椎和脊椎的骨折。脊椎发生骨折后如果乱动，会直接导致坠落者瘫痪，而颈椎骨折坠落者如果被不恰当地搬动，会直接导致死亡。除非坠地时面部朝地影响正常的呼吸，否则不要移动。

3. 食物中毒

（1）催吐。如果服用时间在1～2小时内，可使用催吐的方法。立即取食盐20g加开水200ml溶化，冷却后一次喝下，如果不吐，可多喝几次，迅速促进呕吐。亦可用生姜100g捣碎取汁用200ml温水冲服。如果吃下去的是变质的荤食品，则可服用十滴水来促使迅速呕吐。有的患者还可用筷子、手指或鹅毛等刺激咽喉，引发呕吐。

（2）导泻。如果病人服用食物时间较长（一般超过2～3小时），而且精神较好，则可服用些泻药，促使中毒食物尽快排出体外。一般用大黄30g一次煎服，老年患者可选用元明粉20g，开水冲服，即可缓泻。老年体质较好者，也可采用番泻叶15g一次煎服，或用开水冲服。

（3）解毒。如果是吃了变质的鱼、虾、蟹等引起的食物中毒，可取食醋100ml加水200ml，稀释后一次服下。此外，还可采用紫苏30g、生甘草10g一次煎服。若是误食了变质的饮料或防腐剂，最好的急救方法是用鲜牛奶或其他含蛋白饮料灌服。

4. 车祸事故

据专业医生介绍，车祸出诊能占到120平时出诊的一半，“车祸的出诊量是最大的”。而且据其观察，早晨和傍晚车祸的发生率最高，但损伤率往往最小，而在晚上十点至凌晨四五点发生的车祸造成的伤亡率往往最高。

当出现车撞人时，在急救人员到来之前的处理原则与高坠受伤的处理原则基本相同：千万不要移动伤者。如果是车撞车，往往会导致车内司机和乘客受伤后还被卡住，如果是下半身被卡住，上半身千万不要扭动以免造成不必要的损伤；如果有钢筋或其他异物插入伤员身体，千万不要试图将这些异物取出，因为这样可能会导致伤员大出血，造成不必要的伤亡，可以在伤口的近心端扎上布条，尽量减少血液流失。此外，当车祸发生时，由于极大的惯性，司乘人员很容易在车祸中发生颈椎错位或骨折，此时也不能移动伤者，否则易造成颈椎错位加重，严重的会立刻丧命。

5. 溺水事故

溺水事件发生后、送院治疗前最大限度地保全溺水人的生命尤为重要。

首先让病人半伏，使呕吐物容易吐出，并清除残留在口腔内的呕吐物。为了让胃或口中的水吐出，可以让病人躺倒，救援者可以用膝盖抵住溺水者的背部，一只手托住胃，另一只手轻微地扒开溺水者的口，让溺水者吐水。另一种方法是，救护者蹲着，用膝顶住溺水者的腹部，让溺水者吐水。此外，将溺水者救上岸后，应马上检查溺水者的心跳、呼吸等情况，如果呼吸停止，应马上做人工呼吸抢救。如果救援者能站立在水中，可用双手托住溺水者的颈部，口对口先连续吹入四口气，在5秒钟内观察溺水者的胸、腹部，看看是否有反应。也可用脸颊贴在溺水者嘴上感觉一下是否有自主呼吸，如无反应，再吹四口气。如果是呼吸、脉搏完全停止了，要对其进行心肺复苏术。

如果溺水者意识清楚，需要让其换上干衣服，盖上毯子保暖，然后送医院。对于用人工呼吸和心肺复苏术救过来的人，必须送医院进一步检查。对于已经失去意识但呼吸仍存在的溺水者，要注意保护气管通畅，谨防窒息。

6. 动物咬伤

被动物咬伤后，一要止血，二要防止感染传染病。因为传统意识上大家都会认为狂犬病只会由狗传染，但实际上诸如猫这样的宠物和野生动物同样可以携带狂犬病毒，如果被猫抓伤或者挠伤而没有引起重视的话，其后果可能是致命的。

被咬后应迅速用肥皂水冲洗干净，包上干净的纱布再去医院检查。如果是被蛇咬伤，被咬的肢体应放低，在伤口靠近心脏的一端用东西轻轻地扎起来。可以口对伤口猛吸10来次，每吸一口血马上吐掉，最后还须漱口。伤口部位应保持不动。如是脚伤，应抬着去医院。被毒蛇咬伤是危险的，被无毒蛇咬也必须去医院处理。蜈蚣是毒虫，被咬后局部马上会出现红肿，并伴有剧烈疼痛，应马上挤出毒液，在伤口的近心端部位用布带等扎起来，并用自来水冲洗，进行冷敷后马上去医院。

7. 烧伤事故

烧伤在日常工作和生活中也是多发的意外事故，大的烧伤概念包括火的烧伤、开水的烫伤、化学品的烧伤、炼钢引起的钢水溅伤以及其他高温引起的皮肤损伤。

一旦出现烧伤的情况，如果程度较轻的话，最有效的自救措施就是放在凉水下冲半个小时，或者用冰袋冷敷。采取上述措施后，应用干净的纱布将被烧伤部位包裹起来。如果出现大面积烧伤，切记不要碰被烧伤的皮肤，因为此时的皮肤已经与组织脱离，一旦触动很容易造成皮肤脱落，而且是不可修复的。

由于有些化学品碰到水后会起化学反应，同时还会放出热量，所以对这类烧伤，需用大量的冷水冲洗，然后擦干净，再用纱布包好，去医院治疗。

8. 突发心脑血管疾病

除了外力引起的突发事件会导致伤亡外，突发心脑血管疾病同样也会在瞬间威胁到病人的生命。中医将出血型（如脑溢血）和缺血型（如心肌梗死）的心脑血管疾病统称中风，一旦出现中风，早一点施救，就会使病人增加一分生的希望。

在发现有人中风后，首先要注意检查其鼻子一侧是否有出现皱纹、左右鼻唇沟不对称、嘴的一侧下斜、脸部不对称、口水下滴、打鼾、脸色发红（或发青）、眼睛充血、剧烈呕吐、大小便失禁、发烧或出汗等症状。切忌对脑中风病人摇晃、垫高枕头、前后弯动、头部震动等。如果病人的呼吸和心跳已经停止，要马上做心肺复苏术。如病人意识清楚，可让病人仰卧，头部略向后，以开通气道，不需垫枕头，并要盖上棉毯以保暖。对于失去意识的病人，应维持昏睡体位，以保持气道通畅，不要垫枕头。

脑中风病人往往会有呕吐现象，要保持病人脸朝向一侧，让其吐出。抢救者用干净的手帕缠在手指上伸进口内清除呕吐物，以防堵塞气道，最好用汤勺压在病人的后牙根处，使其口腔保持张开，这样能防止窒息，也能防止抽搐发作咬伤舌头。

9. 运动损伤的预防

做好运动前的准备活动；做好运动后的整理活动；注意运动后的饮食；正确处理运动时的伤痛；患有疾病的同学不参加剧烈活动。

四、预防不法伤害对人身安全的威胁

（一）大学生杀人案件

1. 大学生杀人案件

近年来，国内接连发生高校命案，在社会各界引起强烈反响，也让人们产生了一个巨大的疑惑，如今的大学生怎么了？为什么如此凶残？对朝夕相处的同学可以痛下杀手。究其原因是多方面的。大学生正处于青年时期，其生理和心理都迅速走向成熟但还没有成熟。他们感情丰富、心理起伏大、易冲动、自控能力差、做事欠缺考虑，他们没有走向社会却渴望走向社会；他们缺乏社会阅历和人生经验，但社会却纷繁复杂。所以，如果没有正确引导，大学生很容易误入歧途，走上犯罪的道路。主要有以下几种情况。

① 心理脆弱，无法应对挫折。大学生犯罪，主要原因有自控力较差，心理脆弱，无法应对挫折。现在大学生中独生子女是绝大多数，远离父母独立生活之后，对挫折没有准备，一旦遇到比较大的事件，容易产生过激行为。还有一些大学生因出身贫寒，或有某些缺陷，一方面对家庭和社会不满，另一方面敏感自卑，自我调控能力差，无法应对社会的一些不公和挫折，对人生悲观，以至于不能自拔，最终走向极端。

② 心理迷乱，情绪失控。随着高校扩招步伐的逐渐加快，大学生失业现象也日益频繁，许多大学生的自我预期开始下降，使其缺乏社会责任感。他们不再拥有昔日大学生身为少量“社会精英”的自豪，而是对前途充满渺茫，这就使他们极易产生消极颓废心理，导致心理迷乱，情绪失控，失足犯罪。

③ 对法律藐视的心态。据调查发现，不懂法不是大学生犯罪的主要原因，犯罪的大学生大多对法律条文的规定有大致的了解，有的甚至攻读法律专业。在犯罪大学生中，有的学生明明晓得那样做是违法的，但心存侥幸，认为自己手段比较高超，不会被查获，所以不惜铤而走险，以身试法，这是一种藐视法律的心态。

④ 性心理不健康。大学期间，大学生的生理迅速走向成熟，开始对性充满了好奇和渴望。从青春期开始的逐渐性成熟以及性意识的增强必然使这些刚刚成年的年轻人关注异性。这本无可厚非。但是，如果不引导他们形成良好、正常的性道德观念，再加上受到各种暴力、色情文化的不良影响，就有可能在神秘感、好奇心的驱使下产生性犯罪行为。

⑤ 价值观念的偏轨。大学校园里的学子多数都离家数百里，父母的管教鞭长莫及。而学校则一般给予大学生较多的自由，以发挥其创造性。但是当在校的大学生们的自由膨胀到触及社会的底线

时，处于懵懂状态的、自由惯了的大学生们往往就会踏出了这条线，走向犯罪。这也能在一定程度上解释了当代大学生犯罪之所以会出现新趋势的原因。

2. 大学生杀人案件的预防

（1）增加对社会的适应能能力。

（2）及时发现犯罪预兆。

（3）培养自我责任意识。

（4）尊重生命。

（5）贫困大学生要形成较高的耐挫能力。

（6）在特殊情境中全力控制暴力侵害的滋生。

（二）大学生自杀事件

1. 大学生自杀事件

北京联合大学信息学院02级学生程小龙在北京联合大学、对外经贸大学、北京中医药大学和北京化工大学发放了200张问卷，调查大学生自杀状况，在收回的189份有效问卷中，有近1/3的被调查者承认自己曾有过自杀念头。而据北京高校大学生心理素质研究课题组的报告显示，有超过60％的大学生存在中度以上的心理问题，并且这一数字还在继续上升，大学生中常见的心理障碍有抑郁、焦虑、强迫症、人际关系敏感、睡眠障碍、网络及游戏成瘾、物质滥用等。2004年，华中科技大学社会学系陈志霞等人运用“自杀态度调查问卷”，采取分层抽样方式，对1010名大学生的自杀意念与自杀态度进行调查，结果发现有过轻生念头的学生占10.7％。究其原因有以下几点。

（1）心理障碍。其实每个人都有一定的心理问题，关键看个人如何调节，如何释放。做得好则问题迎刃而解，反之则会引向极端。当大学生在生活或学习的过程中，遇到了困难或挫折，有的可以自我调节成功，但有些则不能，这些人往往在心理上出现觉得无能力、无希望、无帮助的“三无”心理疾病。如果此时仍没人分解其问题，就会产生自杀的冲动。每个人都会产生冲动，这就需要有冲动控制或者冲动引导机制，或者由于外部事物将构成冲动的精神能量释放，反之，则易发生自杀情况。

（2）生理疾患。大部分天生的疾患是无法改变和治愈的。其中有些人顶着别人异样的眼光，跨过高考的羁绊，进入了大学。但随着年龄的增加，自我意识越来越强，这种压力会逐渐增大。他可能就会越来越觉得自卑，觉得命运不公平，从而产生轻生的念头，最终酿出悲剧。

（3）学习和就业压力大。这种现象往往在重点大学出现比较多。一般情况下，当某个学生考入重点大学时就会觉得就业前景比较好。当面临的事情发生变故时，如成绩落后、学的专业不满意……有些同学就会受不了。可能会觉得对不起家人或觉得将来无法找到好的工作，感觉上学已经没有用了，而回家又觉得丢人，就会产生轻生的念头。

（4）情感挫折。情感挫折是大学生自杀的又一重要原因，40%的大学生自杀者是因为恋爱失败。不管是被遗弃或者是结束一段感情，不管是责任在对方还是在自己，他们没有能力收拾好残局。

（5）经济压力、家庭因素。经济压力往往来自于家庭，当父母所创立的家庭环境不好时，这种压力无形产生。家庭因素还包括父母离异造成的家庭创伤，作为儿女的无法承受这种现实，并且在父母离异后，双方往往会减少对子女的关怀，造成儿女心理偏差。再就是父母对子女过分干预，把自己的意愿强行加给子女，而忽视了子女实际情况及他们的内心感受，造成他们心灵的创伤。

（6）环境适应不良、媒体诱导和周边生活环境影响等也是造成大学生自杀不断增多的原因。大多自杀者都性格内向，不善于与外界环境交流、联系，这些信号的覆盖范围很小，也难以引起人们的注意，所以应加强关注力度。

2. 大学生自杀的预防

（1）正确对待面临的困难。

（2）倾诉缓解心理压力。

（3）明确生命的意义。

（4）养成屡败屡战的作风。

（三）打架斗殴的应对

（1）内强素质，外塑形象。

（2）冷静克制，学会容忍。

（3）自我约束，遵章守纪。

（4）严于律己，宽以诗人。

（5）加强沟通，减少猜疑。

（6）学会正确地处理和协助处理校园内突发的暴力事件。

（四）抢劫的应对

（1）注意观察，及时识别。

（2）选好外出行走路线。

（3）不在陌生人面前暴露自己的行踪。

（4）保持行车途中及住地警惕。

（5）遇到抢劫时沉着冷静应付。

（6）及时报案，以便组织追捕。

（五）性侵害的应对

（1）正确识别性侵害。

（2）注意自身的言行举止。

（3）尽量避免在开放性场所独处。

（4）加强教育，增强性自卫能力。

（5）净化校园治安管理。

（6）遭遇性侵害时，要沉着冷静对待，努力消除性侵害成功的机会和条件。

（7）加强性侵害过程中的自身防卫。

（8）积极报案，提供证据。

第二节　艾滋病的预防

一、严峻的现状

1981年在美国被发现的艾滋病被称为“20世纪的瘟疫”。国际医学界至今尚无防治艾滋病的有效药物和治疗方法，因此艾滋病也被称为“超级癌症”和“世纪杀手”。20世纪80年代在我国被称为“爱死病”。

2012年联合国艾滋病规划署颁布艾滋病全球疫情报告，报告显示，截止2011年底，全球存活的艾滋病毒感染者和艾滋病病人估计为3400万人，14～59岁人群艾滋病病毒感染率约为0.8％，2011年新发感染250万人，艾滋病相关死亡170万人。撒哈拉以南地区仍然是艾滋病疫情最为严重的地区，大约每20名成人中有1名感染艾滋病病毒（4.9％），其次为加勒比海、东欧和中亚地区。

与2001年相比，2011年全球新发艾滋病毒感染率下降20％。2011年全球共有33万儿童感染艾滋病毒。目前抗逆转录病毒治疗是最为有效的控制艾滋病的措施。在过去2年内，全球能够获得治疗的人数增加63％。根据中华人民共和国卫生部的通报，截止2012年10月底，中国累计报告艾滋病病毒感染者和病人492191例，存活者为383285例。性传播为主要传播途径，2012年1～10月新发感染者中性传播所占比例为84.9％，其中男男性传播所占比例为21.1％。

全球艾滋病防治尽管取得了一些成就，但也存在一些挑战。许多国家存在艾滋病防治资金不足、效率不高的问题，因感染而受歧视的现象仍然普遍存在。世界上仍有680万感染者无法及时得到医治，防治形势依然严峻。

二、艾滋病常识

1. 艾滋病（AIDS）

艾滋病（AIDS）即获得性免疫缺陷综合征，是由人类免疫缺陷病毒（HIV）引起的一种严重传染病。艾滋病病毒简称HIV，是一种能攻击人体免疫系统的病毒。它把人体免疫系统中最重要的T4淋巴细胞作为攻击目标，大量吞噬、破坏T4淋巴细胞，从而破坏免疫系统，最终使免疫系统崩溃，使人体因丧失对各种疾病的抵抗能力而发病并死亡。

艾滋病最早于20世纪80年代初期在美国被识别，早期的病人都是年轻的男同性恋者，因此艾滋病一度被称作“同性恋病”，并受到当时里根保守政府的忽视。但在美国疾病控制与预防中心以及有识的医生与科学家的持续工作下，累积了信服性的流行病学数据，显示艾滋病有一定的传染性致因（etiology），同时，因输血导致非同性恋者罹患艾滋病的病例逐渐增多，许多科学家开始调查此传染性病原。

2. 艾滋病患者的临床症状

艾滋病的临床症状多种多样，一般初期的开始症状像伤风、流感、全身疲劳无力、食欲减退、发热、体重减轻，随着病情的加重，症状日见增多，如皮肤、出现白色念珠菌感染，单纯疱疹、带状疱疹、紫斑、血肿、血疱、滞血斑、皮肤容易损伤、伤后出血不止等；以后渐渐侵犯内脏器官，不断出现原因不明的持续性发热，可长达3～4个月；还可出现咳嗽、气短、持续性腹泻便血、肝脾肿大、并发恶性肿瘤、呼吸困难等。由于症状复杂多变，每个患者并非上述所有症状全都出现。一般常见一二种以上的症状。按受损器官来说，侵犯肺部时常出现呼吸困难、胸痛、咳嗽等；如侵犯胃肠可引起持续性腹泻、腹痛、消瘦无力等；如侵犯血管而引起血管性血栓性心内膜炎、血小板减少性脑出血等。

3. 艾滋病的致命性

艾滋病通过性、血液和母婴三种接触方式传播，是一种严重危害健康的传染性疾病。当人体处于正常状态时，体内免疫系统可以有效抵抗各种病毒的袭击。一旦艾滋病病毒侵入体内，这种良好的防御体系便会土崩瓦解，各种病毒乘机通过血液、破损伤口长驱直入。此外，人体内一些像癌细胞之类的不正常细胞，也会迅速生长、繁殖，最终发展成各类癌瘤。通俗地讲，艾滋病病毒是通过破坏人的免疫系统和机体抵抗能力，而给人以致命的打击。

三、艾滋病的传播途径及易感染人群

1. 艾滋病的传染途径

艾滋病病毒感染者虽然外表和正常人一样，但他们的血液、精液、阴道分泌物、皮肤黏膜破损或炎症溃疡的渗出液里都含有大量艾滋病病毒，具有很强的传染性；乳汁也含病毒，有传染性。唾液、泪水、汗液和尿液中也有病毒，但很少，传染性不大。已经证实的艾滋病传染途径主要有三条，其核心是通过性传播和血液传播，一般的接触并不能传染艾滋病，所以艾滋病患者在生活当中不应受到歧视，如共同进餐、握手等都不会传染艾滋病。

（1）性接触传播：包括同性及异性之间的性接触。肛交、口交有着更大的传染危险。

（2）血液传播：

① 输入污染了HIV的血液或血液制品；

② 静脉药瘾者共用受HIV污染的、未消毒的针头及注射器；

③ 共用其他医疗器械或生活用具（如与感染者共用牙刷、剃刀）也可能经破损处传染，但罕见；

④ 注射器和针头消毒不彻底或不消毒，特别是儿童预防注射未做到一人一针一管危险更大；口腔科器械、接生器械、外科手术器械、针刺治疗用针消毒不严密或不消毒；理发、美容（如纹眉、穿耳），纹身等的刀具、针具，浴室的修脚刀；和他人共用刮脸刀、剃须刀、牙刷；输用未经艾滋病病毒抗体检查的供血者的血或血液制品，以及类似情况下的输骨髓和器官移植；救护流血的伤员时，救护者本身破损的皮肤接触伤员的血液。

（3）母婴传播：也称围产期传播，即感染了HIV的母亲在产前、分娩过程中及产后不久将HIV传染给了胎儿或婴儿。可通过胎盘，或分娩时通过产道，也可通过哺乳传染。

血液传播是感染最直接的途径。输入被病毒污染的血液，使用了被血液污染而又未经严格消毒的注射器、针灸针、拔牙工具，都是十分危险的。另外，如果与艾滋病病毒感染者共用一只未消毒的注射器，也会被留在针头中的病毒所感染。

2. 易感染艾滋病人群

（1）男性同性恋者包括双性恋者，由于肛交，所以是艾滋病的高危人群。但同性恋不等于艾滋病。

（2）吸毒者经静脉注射毒品成瘾者约占全部艾滋病病例的15%～17%，主要是因为吸毒过程中反复使用了未经消毒或消毒不彻底的注射器、针头，其中被艾滋病毒污染的注射器具造成了艾滋病在吸毒者中的流行和传播，使吸毒者成为第二个最大的艾滋病危险人群。

（3）第三大易感人群为血友病患者，在所有艾滋病患者中，因血友病而感染病毒的占1%左右。因为血友病是一种因体内缺乏凝血因子Ⅷ（Ⅸ）（还有其他因子缺乏者，主要且最多的发病者是因子凝血因子Ⅷ或Ⅸ）而得的疾病，如果不输入外源性凝血因子Ⅷ（Ⅸ），则病人可能在受轻微外伤后就流血不止。

（4）接受输血或血液制品者，除了抗血友病制剂外，其他血液与血液制品（浓缩血细 胞、血小板、冷冻新鲜血浆）的输注也与艾滋病的传播有关。

四、艾滋病的预防

目前尚无预防艾滋病的有效疫苗，因此最重要的是采取预防措施。

（1）坚持洁身自爱，不卖淫、嫖娼，避免婚前、婚外性行为。

（2）严禁吸毒。

（3）不要擅自输血和使用血制品，要在医生的指导下使用。

（4）不要借用或共用牙刷、剃须刀、刮脸刀等个人用品。

（5）使用安全套是性生活中最有效的预防性病和艾滋病的措施之一。

（6）要避免直接与艾滋病患者的血液、精液、乳汁和尿液接触，切断其传播途径。

世界各国的经验表明，歧视、排斥艾滋病感染者是非常不利于预防和控制艾滋病传播的。如果身边发现艾滋病感染者，不用害怕，更不能看不起、排斥他们和他们的家人。对于公开了病情的艾滋病感染者，更加容易防范。艾滋病感染者在很长的时间内同样具有工作和生活能力，照样能够为国家和家庭作出贡献。因此，对待艾滋病感染者的正确态度是，同情、关心并尽力帮助他们，使他们能够正常生活和工作；不扩散他们的病情。

第三节　珍爱生命　拒绝毒品

一、毒品

毒品一般是指使人形成瘾癖的药物，主要指吸毒者滥用的鸦片、海洛因、冰毒等，还包括具有依赖性的天然植物、烟、酒和溶剂等。

制毒物品是指用于制造麻醉药品和精神药品的物品。毒品，有些是可以天然获得的，如鸦片就是通过切割未成熟的罂粟果而直接提取的一种天然制品，但绝大部分毒品只能通过化学合成的方法取得。这些加工毒品必不可少的医药和化工生产用的原料就是我们所说的制毒物品。因此，制毒物品既是医药或化工原料，又是制造毒品的配剂。

二、毒品的种类

（1）从毒品的来源看，可分为天然毒品、半合成毒品和合成毒品三大类。天然毒品是直接从毒品原植物中提取的毒品，如鸦片。半合成毒品是由天然毒品与化学物质合成而得，如海洛因。合成毒品是完全用有机合成的方法制造，如冰毒。

（2）从毒品对人中枢神经的作用看，可分为抑制剂、兴奋剂和致幻剂等。抑制剂能抑制中枢神经系统，具有镇静和放松作用，如鸦片类。兴奋剂能刺激中枢神经系统，使人产生兴奋，如苯丙胺类。致幻剂能使人产生幻觉，导致自我歪曲和思维分裂，如麦司卡林。

（3）从毒品的自然属性看，可分为麻醉药品和精神药品。麻醉药品是指对中枢神经有麻醉作用，连续使用易产生身体依赖性的药品，如鸦片类。精神药品是指直接作用于中枢神经系统，使人兴奋或抑制，连续使用能产生依赖性的药品，如苯丙胺类。

（4）从毒品流行的时间顺序看，可分为传统毒品和新型毒品。传统毒品一般指鸦片、海洛因等流行较早的毒品。新型毒品是相对传统毒品而言的，主要指冰毒、摇头丸等人工化学合成的致幻剂、兴奋剂类毒品，在我国主要从20世纪末、21世纪初开始在歌舞娱乐场所中流行。最近又出现了一种新型毒品："阿拉伯茶"。"阿拉伯茶"学名叫"恰特草"，产于非洲，这种植物在刚摘下来新鲜的时候酷似市场上常见的苋菜，吸毒者可以直接像吃生菜一样嚼食，如果将恰特草晒干，外形又像茶叶一样，服食后的效果与海洛因相差无几，毒效惊人且成瘾性大。恰特草已被联合国及美国、欧洲定为软性毒品。从2013年开始，我国将恰特草列入毒品的严打范围之内。凡种植、持有、贩卖、走私、服食恰特草都属于违法犯罪行为。

三、毒品的危害

1. 吸毒对社会的危害

（1）对家庭的危害：吸毒者在自我毁灭的同时，也破害自己的家庭，使家庭陷入经济破产、亲属离散，甚至家破人亡的困难境地。

（2）对社会生产力的巨大破坏：吸毒首先导致身体疾病，影响生产，其次是造成社会财富的巨大损失和浪费，同时毒品活动还造成环境恶化，缩小了人类的生存空间。

（3）毒品活动扰乱社会治安：毒品活动加剧诱发了各种违法犯罪活动，扰乱了社会治安，给社会安定带来巨大威胁。无论用什么方式吸毒，对人体的身体都会造成极大的损害。

2. 吸毒对身心的危害

（1）生理依赖性，由于反复用药所造成的一种强烈的依赖性。毒品作用于人体，使人体体能产生适应性改变，形成在药物作用下新的平衡状态。一旦停掉药物，生理功能就会发生紊乱，出现一系列严重反应，称为戒断反应，使人感到非常痛苦。用药者为了避免戒断反应，就必须定时用药，并且不断加大剂量，终日离不开毒品。

（2）精神依赖性。毒品进入人体后作用于人的神经系统，使吸毒者出现一种渴求用药的强烈欲望，驱使吸毒者不顾一切地寻求和使用毒品。一旦出现精神依赖后，即使经过脱毒治疗，在急性期戒断反应基本控制后，要完全康复原有生理机能往往需要数月甚至数年的时间。更严重的是，对毒品的依赖性难以消除。这是许多吸毒者一而再、再而三复吸毒的原因，也是世界医、药学界尚待解决的课题。

（3）毒品危害人体的机理。我国目前流行最广、危害最严重的毒品是海洛因，海洛因属于阿片灯药物。在正常人的脑内和体内一些器官，存在着内源性阿片肽和阿片受体。在正常情况下，内源性阿片肽作用于阿片受体，调节人的情绪和行为。人在吸食海洛因后，抑制了内源性阿片肽的生成，逐渐形成在海洛因作用下的平衡状态，一旦停用就会出现不安、焦虑、忽冷忽热、起鸡皮疙瘩、流泪、流涕、出汗、恶心、呕吐、腹痛、腹泻等。冰毒和摇头丸在药理作用上属中枢兴奋药，毁坏人的神经中枢。

四、对毒品犯罪的打击

目前，日趋严重的毒品犯罪问题已成为全球性的灾难。毒品的泛滥直接危害人民的身心健康，并给经济发展和社会进步带来巨大的威胁。据联合国的统计表明，全世界每年毒品交易额达5000亿美元以上，毒品蔓延的范围已扩展到五大洲的200多个国家和地区，而且全世界吸食各种毒品的人数已高达2亿多，其中17～35周岁的青壮年占78%。

面对如此严峻的形势，世界各国纷纷采取严厉的措施打击毒品犯罪，但效果各不相同：其中中美洲一些国家的禁毒形势尤其不容乐观。据报道，墨西哥武装贩毒的成员人数竟然超过政府军人数。

与世界其他国家相比较，中国是世界上对毒品犯罪惩罚最严厉的国家之一。中国政府制定和实施了一系列禁毒方针、政策和措施，取得了显著成效。同时，中国积极参与国际合作，是1988年《联合国毒品公约》等多项国际公约的缔约国，并与24个国家签署了30多个司法互助协定。2002年以来，中国警方曾经与缅甸、老挝警方在边境地区开展了多次联合扫毒行动，抓捕了大批境外毒枭、重大毒贩和在逃毒犯。

中国是世界上少数几个既控制毒品进入关，又严把毒品流出关的国家之一。中国禁毒部门一直严禁过境毒品，被联合国国际麻醉品管制署誉为“世界禁毒楷模”。据中国公安部网站消息，中国重拳出击，遏制毒品犯罪成效显著，多年的禁毒高压态势有效遏制了毒品来源，控制了海洛因问题快速发展的势头，使禁毒斗争形势整体上有了明显好转，呈现出积极变化。

第三章　网络与信息安全

第一节　网络安全

一、概念

网络安全包含网络设备安全、网络信息安全、网络软件安全。黑客通过基于网络的入侵来达到窃取敏感信息的目的，也有人以基于网络的攻击见长，被人收买通过网络来攻击商业竞争对手，造成网络无法正常运营，网络安全就是为了防范这种信息盗窃和商业竞争攻击所采取的措施。

二、我国网络安全现状

随着全球信息化水平的不断提高，人们的工作、学习和生活方式正在发生巨大变化，效率大为提高，信息资源得到最大程度的共享。网络安全形势的日益严峻，如何建设高质量、高稳定性、高可靠性的成为网络信息行业乃至整个社会发展所要面临和解决的重大课题。

（一）我国网络与信息安全现状

随着网络的快速发展，全球网民数量激增，网络已经成为生活离不开的工具，经济、文化和社会活动都强烈地依赖于网络，网络已成为社会重要的基础设施。尽管如此，当前网络与信息安全的现状却不容乐观。

2014年1月16日，中国互联网络信息中心（CNNIC）在京发布的第33次《中国互联网络发展状况统计报告》显示，截至2013年12月，中国网民规模达6.18亿，互联网普及率为45.8%。其中，手机网民规模达5亿，继续保持稳定增长。这几年随着信息化基础建设的推进，网络安全管理已经成为关系国家、社会稳定的重要因素，特别是随着4G时代的到来，网络安全管理的重要性将更加突出。报告显示，超过七成的网民愿意使用免费的安全软件，而近八成的网民对于在网上提供个人信息安全有着不同程度的担忧，网络信息安全已经成为影响网民上网行为的重要因素。同时，调查显示，96.1%的网民个人计算机中装有信息安全软件，其中70.5%的网民选择使用单一品牌的安全套装软件产品，即至少包含杀毒、防火墙两项功能的安全软件产品。28%的网民使用过在线查毒服务，其中近1/3的用户还使用了在线杀毒服务。上述数据充分说明了我国网民对网络信息安全的高度重视。值得注意的是，按照2008年年底国内现有网民数量统计，目前尚未安装安全软件的网民数量超过1000万，这一数据反映出大量上网人群的信息安全存在隐患。调研结果表明，74%的网民表示愿意使用免费杀毒软件，这说明免费杀毒软件对于绝大多数网民具有较大的吸引力。报告数据显示，当前国内有近1亿网民使用过网上银行专业版，占我国网民总数的33.4%。随着我国互联网的发展，网民对互联网的应用已经从单纯的娱乐转向购物、求职等多个方面，对网络信息安全的需求也日益提高。

因此，网络与信息安全方面的研究是当前信息行业的研究重点。在国际上信息安全研究已成体系，20世纪70年代就已经开始标准化。当前有多个国际组织致力于网络与信息安全方面的研究。随着信息社会对网络依赖性的不断增加以及“9·11事件”等的出现，以美国为首的各个国家在网络与信息安全方面都在加速研究。我国自2003年以来也在网络与信息安全方面有了较大的进展，但是总体相对落后。

（二）当前网络安全形势存在的问题

网络环境的复杂性、多变性以及系统的脆弱性、开放性和易受攻击性，决定了网络安全威胁的客观存在。人们在享受到各种生活便利和沟通便捷的同时，网络安全问题也日渐突出、形势日益严峻。利用网络进行盗窃、诈骗、敲诈勒索、窃密等案件逐年上升，严重影响了网络的正常秩序，严重损害了网民的利益；网上色情、暴力等的传播，严重危害了青年的身心健康。网络的安全性和可靠性正在成为世界各国共同关注的焦点。

1. 网络安全问题成为世界性难题

在国际刑法界列举的现代社会新型犯罪排行榜上，计算机犯罪和网络侵权已名列榜首。无论是数量、手段，还是性质、规模，都出乎人们的意料。造成的经济损失非常严重。然而比经济损失更为严重的是，人们逐渐对网络的安全性失去信心。网络问题不断，使人们不敢使用网络进行购物与交流等活动，而一旦不用网络，再好的网络服务也维持不下去。特别是全球互联网规模在不断扩大、技术含量不断提高，这些都要求有一个高可靠性、高质量的网络来承载，支撑由此带来的管理控制、交换传输等复杂变化，这些都对全球网络的安全提出了新的、更高的要求。

2. 我国网络防护基础差，安全形势刻不容缓

网络安全的风险也无处不在，各种网络大量存在和不断被发现，计算机系统遭受病毒感染和破坏的情况相当严重，呈现出异常活跃的态势。面对网络安全的严峻形势，我国的网络安全保障工作基础薄弱，水平不高，网络安全系统在预测、反应、防范和恢复能力方面存在许多薄弱环节，能力大大低于美国、俄罗斯和以色列等国。在监督管理方面缺乏依据和标准，监管措施不到位，监管体系尚待完善，保障制度不健全、责任不落实、管理不到位。网络安全法律法规不够完善，关键技术和产品受制于人，网络安全服务机构专业化程度不高，行为不规范，管理人才缺乏。据2012年年底的数据显示，网络犯罪一年给中国造成直接经济损失2890亿元人民币，仅钓鱼网站这一项带来的损失就将近300亿元人民币。而美国在网络安全方面的损失仅仅3000万美元，远远低于我国。

3. 防范意识淡薄，网络安全问题严重

安全意识淡薄一直是网络安全的瓶颈，从企业到个人普遍存在侥幸心理，没有形成主动防范、积极应对的安全意识，网络安全处于被动的封堵漏洞状态，无法从根本上提高网络监测、防护、响应、恢复和抗击能力，在迅速反应、快速行动和预警防范等主要方面，更是缺少方向感、敏感度和应对能力。

三、如何加强我国网络信息的安全保障

针对我国信息安全存在的问题，要实现信息安全不但要靠先进的技术，还要有严格的法律法规和信息安全教育。

1. 加强全民信息安全教育

注重教育和培训，从小做起，从已做起，有效利用各种信息安全防护设备，进一步提高网络人员的安全防护技能。保证个人的信息安全，必须把做好人的工作作为网络安全的第一道防线和最关键环节，抓实抓好。一方面把网络安全教育和日常性、经常性教育结合起来，真正将安全意识、安全观念植根于脑海中，体现在行动上，防止网络安全教育走过场、流于形式；另一方面根据不同层次、不同环境，建立完善的网络安全人员培训体系，制订专门的培训课程和教学大纲，及时更新培训内容，增强人员的自主防护能力，确保网络的主要部门、重点系统和关键环节都有全职的、经验丰富的安全管理人员，提高整个系统的安全防护能力，从而促进整个系统的信息安全。

2. 加大信息产业投入

发展有自主知识产权的信息安全产业，增强自主创新意识，加大核心技术的研发，尤其是信息安全产品，减小对国外产品的依赖程度。在网络安全关键产品的研发方面，尽可能提供全局性的、具有超前意识的发展目标和相关产业政策，鼓励行业协会等自愿性组织在制定促进可互操作的标准中发挥作用，利用行业自律组织进一

步完善行业规范和行业章程方面，对发展我国的信息产业提供支撑保障。

3. 尽快建立和完善与网络安全相关的规章制度

目前，我国网络安全的法律法规还处在起步阶段，难以适应网络发展的需要，现有的政策法规缺乏可操作性。针对网络安全的薄弱环节，政府监管部门应不断完善安全审计、等有关规章制度。在制定制度、标准和策略时注意不能脱离实际，真正了解当前企业的现状，来完善我国信息安全的法规体系，制定相关的法律法规，例如信息安全法、数字签名法、电子信息犯罪法、电子信息出版法、电子信息知识产权保护、电子信息个人隐私法、电子信息进出境法等，加大对网络犯罪和信息犯罪的打击力度，对其进行严厉的惩处。

总之，由于网络环境的复杂性、多变性，以及信息系统的脆弱性，决定了网络信息安全问题的客观存在。网络信息安全问题不仅涉及国家的经济安全、金融安全，同时也涉及国家的国防安全、经济安全和文化安全，因此，应当加强对信息安全问题的重视，加快信息化建设步伐，加强对信息安全的管理，来保证网络信息的安全可靠。

第二节　预防网络不良信息的侵害

一、网络不良信息危机

（一）网络不良信息的危害

网络不良信息，是指互联网上那些容易对人的身体造成损害，给人的精神带来污染，使人的思想产生混乱，让人的心理变得异常的垃圾信息，包括色情信息、暴力信息、煽动信息、伪科学与迷信信息、诱赌信息、厌世信息等。这些信息大多具有粗鲁、庸俗、虚假、怪异等性质，其对大学生的身心发育和健康成长十分有害。网络不良信息纷繁复杂，主要有以下六大类型。

1. 淫秽色情信息

即包含性内容的文字、图片、声音、动画等的色情资料。网络信息传播在时间上的瞬间性和空间上的无边界性，使得色情信息可以毫无障碍地传播。目前，淫秽色情信息已成为公众举报数量最多的不良信息之一。2014年4月18日全国“扫黄打非”办公室通报的案件，包括广东广州“烟雨红尘”小说网传播淫秽色情信息案、浙江温州“翠微居小说网”传播淫秽色情信息案、福建福州“91熊猫看书网”传播淫秽色情信息案、天津“1·20”网上传播淫秽物品案、贵州金沙“12·11”网上传播淫秽物品案、江苏盱眙“2·25”网上贩卖淫秽物品案、云南官渡“2·24”网上制作传播淫秽物品牟利案、黑龙江哈尔滨“5·16”网上传播淫秽物品案等。其中，黑龙江哈尔滨“5·16”网上传播淫秽物品案已经审结，其他案件正在查办过程中。

2. 暴力信息

即以一种非理性的方式宣扬喋血、斗殴、绑架、强暴、凶杀和战争恐怖等内容，让人丧失同情心，日益变得好勇好斗，为达到个人目的而不择手段的信息。网络暴力信息经常通过网络游戏得以传播。有资料显示，目前中国市场上销售的网络游戏中大约有95%是以刺激、暴力和打斗为主要内容的，游戏越“刺激”吸引上网参与的人数越多，其中大学生玩过网络游戏的占到了59%，这其中比例最高的竟然是天天玩，占到了30%。大学生的心智还没有发育成熟，很容易被网络游戏所诱惑而沉迷其中、荒废学业，一些网络游戏甚至会使未成年玩家产生暴力倾向并诱发犯罪行为。另外，玩家在网络游戏中可以组建帮会、门派等组织，受此影响，一些未成年玩家在现实生活中也拉帮结派，甚至将虚拟世界里的恩怨带到现实社会中而打架斗殴。

3. 煽动信息

即以一种煽动的方式宣传违背历史潮流和社会发展规律的政治谬论，动摇人们的理想、信念和意志、情操的有害信息。在网上，一些宣扬所谓的“自由、民主、平等”的西方价值观和生活方式的信息通过海量的娱乐性和消遣性节目得以传播，就连“法轮功”邪教组织也借助网络对大学生展开强大的思想攻势，这对于涉世不深、缺乏社会经验和政治上的分析、识别、选择、批判能力的大学生来说，具有很大的迷惑性、欺骗性和危害性。

4. 伪科学与迷信信息

即以一种非科学的方式封闭人的思维、奴役人的精神、毁灭人的情感、扼杀人的尊严和自由的非理性信息。近年来，算命、测字、装神弄鬼等庸俗的“世风”逐渐感染互联网，一些机构和个人以种种在线娱乐和人生策划的名义，花样百变地开起了算命铺子。网络迷信和现实生活中的迷信一样，容易腐蚀人的思想、消磨人的意志、扼杀人的理想甚至左右人的行为，让人在不知不觉中形成消极的人生观。对于缺乏对复杂事物的准确判断能力、不能很好地鉴别精华和糟粕的大学生来说，一旦长期接触这种迷信信息，就会把成功和失败看成是“命中注定”的，从而放弃努力，用消极的态度对待学习、生活和人生。

5. 诱赌信息

与暴力信息一样，诱赌信息也是一种能够致人心理癫狂的非理性信息。在新颖刺激、变化多端的网络互动游戏的诱惑下，一些大学生很容易陷入嗜赌的心理陷阱。一旦沉迷于网络游戏中，大学生就会产生愈来愈强烈的心理依赖感和反复操作的渴望，这与吸食毒品成瘾极为相似。同时，长时间上网需要高额的费用，这极易使大学生想方设法甚至不择手段地去偷、骗甚至抢钱，造成严重的社会后果。

6. 厌世信息

就是渲染对人生的悲观情绪，使人的心理健康产生问题的反社会信息。大学生面临着巨大的学习压力和社会压力，单亲家庭的还要承受很大的心理压力。为了逃避这些压力，一些大学生开始痴迷于“泡吧”。在网上悲观厌世信息的影响下，一些大学生为了从现实生活中的烦恼和不快中解脱出来而滋生轻生和弃世的念头。可以想象，网上传播的曲解现实生活的厌世信息对此类悲剧的发生起到了推波助澜的作用。

（二）网络不良信息的传播渠道

1. 通过网络游戏传播

网络游戏大多以刺激、暴力和打斗性内容为主，在一些作战、格斗类游戏中，两方或者多方对垒，以消灭对方为目的，血腥、暴力的画面频频出现，网络背景和音乐将游戏渲染得美轮美奂，这些正好迎合了大学生好奇、好胜和对英雄的崇拜心理，使他们可以通过操纵游戏得到一种强烈的满足感和快感，并可以宣泄和释放因激烈的竞争而带来的内心压抑。

2. 通过电子邮件传播

电子邮件的便捷性带来了个人通信的革命，但垃圾邮件的出现也造成了严重的社会问题。数量巨大的垃圾邮件违背了用户意愿，严重干扰了用户的正常通信，占用、浪费了大量网络资源，严重的甚至造成网络服务中断、干扰企业的正常经营。一些垃圾邮件中含有色情、赌博、诈骗等有害信息，严重影响了正常社会秩序，也妨害了互联网的健康发展。对此，世界上不少国家采取了各种打击措施，我国也于2006年2月出台了《互联网电子邮件服务管理办法》，并启动了“阳光绿色网络工程”，但要根除垃圾邮件并不是一件容易的事。中国互联网协会反垃圾邮件中心于2006年开展的第四次反垃圾邮件状况调查显示，中国互联网用户平均每周收到的垃圾邮件比例已下降到58%，但平均每周仍然会收到17.35封垃圾邮件。

3. 通过网络论坛和聊天室传播

在网络论坛和聊天室里，发言人的真实姓名、身份、年龄、性别、地域、种族等都可以被隐去，其可以无拘无束地表达自己的观点，毫无顾虑地诉说心里话。正是由于网络论坛、聊天室交流的匿名性，使得这些地方成了虚假信息、污秽色情信息滋生扩散的场所。

4. 通过博客传播

博客就是网络日记、网络日志，其是继E－Mail、BBS等聊天工具之后的又一大网络交往方式。博客操作非常简单，稍有网络知识的人便可轻易注册一个完全属于自己的博客，然后按照自己的兴趣、爱好和价值取向往上面粘贴内容，随心所欲地编辑、更新所传播的信息。截至2012年12月底，我国微博用户规模为3.09亿，网民中的微博用户达到54.7%。

5. 通过强制浏览的方式传播

所谓强制浏览，就是利用网页代码技术使用户自动访问某一网站。强制方式主要包括以下四种：第一，强制书签。当用户浏览某一网站后，在其收藏夹菜单中就会出现相关网站的一个甚至多个链接。第二，强制标题。不管用户访问哪个网站，浏览器标题中总会出现某网站的网址或广告。第三，强制主页。只要用户打开电脑，就会有某网站在其并不知情的情况下被设为浏览器的默认主页。第四，强制拨号。只要用户访问过某个网站，则其每次打开电脑就会自动拨号进入该网站。强制浏览的内容大致分为三类：一是商家为推销产品而推出的广告；二是网站为增加点击率、扩大影响而强行推出的一些淫秽、色情信息；三是国内一些分裂势力的歪曲言论。

二、网络不良信息

（一）网络不良信息的预防

（1）要上内容健康的网站。

（2）要充分认识网络世界的虚拟性、游戏性和危险性。

（3）要保持正确对待网络的心态，遵守网络文明公约。

（4）要增强自控能力，上网场所要择优，上网时间要适度。

（5）要加强自我保护，防止遭受非法侵害。

（6）注意躲避网络陷阱。

（二）网络不良信息的危机应对方法

1. 大学生应培养自身道德主体性

面对日益复杂的信息环境，大学生要注重培养自身的道德判断和选择能力，这种能力是大学生优良道德品质的集中体现。具有道德主体性的大学生不仅在面对复杂的信息时能够进行判断和选择，而且具有创新能力，即敢于提出新的行为准则。所以，大学生的道德主体性是指在各种不同道德准则发生冲突时能做出正确的判断和选择、采取正确的行为，并且是大学生在面对道德困境时提出新行为准则的能力和勇气。大学生要注重培养自身的道德主体性，培养对民族文化的热爱以及独立思考能力，这些是抵御网络上不良信息影响的重要方面。

2. 大学生应加强网络法制意识

网络具有不可控性，是一个缺少规范而且难以实现合理制约的空间，大学生只有不断强化网络法律意识并构建起完善的网络道德体系，通过法律制约与道德规范的良性互动，才能有效维护网络秩序的稳定性。我国先后发布了《中华人民共和国计算机信息系统安全保护条例》、《中国公用计算机互联网管理办法》、《关于维护互联网安全的决定》等法规，大学生要以此为要旨，加强网络法制意识教育，规范网络行为。

3. 大学生应加强网络自律意识

减少网络的负面影响，大学生要注重培养网络自律意识，培养内在的、自觉的道德情感和道德责任，使自身在良莠不齐的网络文化中自尊、自爱、自律、自控，对不良信息自觉抵制。要明白这些精神“毒品”的危害，一旦上瘾就难以自拔；不在网上发表不负责任的言论；参与电脑娱乐和网络游戏，也要把握好“度”，要知道沉溺其中，最终会荒废学业，乃至出现更严重的后果。

4. 大学生应积极参加健康的校园文化活动

良好的校园文化，有利于健全学生的人格，规范学生的言行举止。大学生可以根据自身不同的兴趣爱好，积极参加一些健康的校园文化活动，如辩论比赛、歌咏比赛、学习交流会、各类球赛等。通过积极参加健康的校园文化活动，不仅能够使大学生的思想情操得到熏陶、业余生活得到充实，而且还能提高大学生的各方面能力，如人际交往能力、团队协作能力、创新能力等。一个氛围良好的校园环境，可以避免大学生因为业余生活的单调空虚而过分沉迷于互联网，有益于大学生的身心健康。

三、计算机病毒危机应对

（一）计算机病毒的预防

1. 使用正版软件

虽然盗版软件及破解软件在网上到处可见，但是殊不知很多盗版软件中都有潜在的木马程序，会给电脑带来感染病毒的潜在机会。因此应该使用正版操作系统及正版的应用软件。

2. 及时升级

虽然使用了正版的操作系统，但是软件仍旧会有一些小的漏洞需要修复，而正是这些漏洞可以给病毒和黑客有可乘之机，所以要及时升级。

3. 安装杀毒软件

在使用正版软件的基础上，要在计算机上及时安装杀毒软件，并及时查杀病毒，减少感染病毒的机会。

4. 安装防火墙软件

仅仅安装杀毒软件是不够的，还得安装防火墙软件，因为电脑无论是上因特网还是上内网，都有被黑客入侵的机会，有了防火墙就好像给电脑装了一道门。

5. 及时升级杀毒软件及防火墙

虽然安装了杀毒软件和防火墙，但是计算机病毒每天都在不断增加和变异，因此杀毒软件、防火墙和病毒特征码也必须及时升级。

6. 使用移动存储时先查杀病毒

如非必要，不要使用U盘、移动硬盘等移动存储设备。在必须要使用的场合，则建议先用杀毒软件进行病毒查杀。

7. 不接收陌生人的文件

无论是使用qq还是使用邮件，都不要接收陌生人发送的文件，特别是后缀名为.exe、.com、.bat等可以执行的文件，更不要在下载后立即打开它。

8. 不上不熟悉的网站

不要上一些不正规或者不熟悉的网站，因为这些网站上往往隐藏了木马程序，在浏览或者下载程序时，就会不知不觉地种下木马。

9. 关闭没有必要的服务和端口

操作系统在默认情况下会开启很多可让黑客有可乘之机的服务和端口（如3389、135端口等），如非必要可以通过在命令行中输入“gpedit.msc”打开“组策略”中的“本地策略”进行设置将其关闭。

（二）计算机病毒危机应对方法

计算机在人们生活中已占有愈来愈重要的地位，但近些年频频爆发的计算机病毒却使得很多用户叫苦不迭，究其原因，除防范意识薄弱外，中毒后束手无策以致无法及时挽救损失的电脑用户仍大有人在。如果电脑中了病毒，应该采取如下步骤来挽救。

（1）在杀毒之前，要先备份重要的数据文件和硬盘的主引导信息，一旦杀毒失败了还有机会恢复计算机的原貌。

（2）启动反病毒软件，对硬盘的所有分区进行查毒，并要注意对计算机“内存”、“压缩文件”和“邮件”进行检查。当发现病毒时可以用一些反病毒软件（如KV3000）进行杀毒，但并不是所有病毒都能解除，一些病毒感染文件时已经把文件破坏。在这种情况下建议删除感染的文件。如计算机感染了未知病毒，应尽量隔离这些目标，并尽快送到反病毒软件厂商的研究中心，以供分析。

（3）不要随便在机器上使用从其他计算机上制作的应急盘，因为未经查毒检查的机器，有可能带有病毒并破坏您的计算机的重要文件，从而遭受严重损失。

另外，如果发现某些文件中带有病毒就把这些文件删除，是不是就能彻底解决问题呢？首先，我们应该了解一下发现的病毒是属于哪一类型的，是不是会驻留内存？如果是属于驻留内存的病毒，这种方法是不能解决的。因为这类病毒启动带毒硬盘后，病毒就驻留在内存里，如果只删除带毒文件，内存中还是会有病毒，重新启动计算机时还会感染其他文件，或者在进行其他操作时也会传播，因为对计算机做任何操作都需要通过内存才能执行，病毒通过内存仍旧可以传染给其他文件。

第三节　网络犯罪

一、网络犯罪的概念和特点

1. 概念

网络犯罪是指犯罪分子利用其编程、加密、解码技术或工具，或利用其居于互联网服务供应商、互联网信息供应商、应用服务供应商等特殊地位或其他方法，在因特网上实施触犯刑法的严重危害社会的行为。网络犯罪以计算机网络为工具或以计算机网络资产为对象，运用网络技术和知识实施犯罪。网络犯罪不是一个具体罪名，而是某一类犯罪的总称，其基本类型有两种：针对网络的犯罪和网络扶持的犯罪。

2. 网络犯罪的特点

同传统的犯罪相比，网络犯罪具有一些独特的特点：成本低，传播迅速，传播范围广；互动性、隐蔽性高，取证困难；严重的社会危害性；网络犯罪是典型的计算机犯罪。

（1）成本低，传播迅速，传播范围广。就电子邮件而言，比起传统寄信所花的成本少得多，尤其是寄到国外的邮件。只要敲一下键盘，几秒钟就可以把电子邮件发给众多的人。理论上而言，接受者是全世界的人。

（2）互动性、隐蔽性高，取证困难。网络发展形成了一个虚拟的电脑空间，既消除了国境线，也打破了社会和空间界限，使得双向性、多向性交流传播成为可能。在这个虚拟空间里对所有事物的描述都仅仅是一堆冷冰的密码数据，因此谁掌握了密码就等于获得了对财产等权利的控制权。

（3）严重的社会危害性。随着计算机信息技术的不断发展，从国防、电力到银行和电话系统现在都是数字化、网络化，一旦这些部门遭到侵入和破坏，后果将不可设想。

（4）网络犯罪是典型的计算机犯罪。即行为人以计算机为工具或以其为攻击对象而实施的犯罪行为。网络犯罪比较常见的偷窥、复制、更改或者删除计算机数据、信息的犯罪，散布破坏性病毒、逻辑炸弹或者放置后门程序的犯罪，就是典型的以计算机为对象的犯罪，而网络色情传播犯罪、网络侮辱、诽谤与恐吓犯罪以及网络诈骗、教唆等犯罪，则是以计算机网络形成的虚拟空间作为犯罪工具、犯罪场所进行的犯罪。

二、大学生网络犯罪的原因

大学生网络犯罪，既有其发生的客观原因，又有其存在的主观原因。客观原因主要表现在，随着市场经济的发展，各种外来文化入侵、网络管理不力、网络的开放性以及我国教育体系及架构的缺陷等因素影响；主观原因主要表现在信息时代的背景下，大学生自身思想准备不足以及青年人的好奇和好胜心。

西方思想文化的侵蚀以及网络管理的不力，是造成大学生网络犯罪的主要原因。青年的价值观易被网络消极文化所侵蚀，网络是一个没有国界的世界，全球各种不同的文化形态、思想观念在这里汇集交织，网络使用者轻易就可以感受到东西方文化的巨大差异，享乐、奢侈、冒险、刺激、性自由等不健康的生活方式对青年人来说，具有极大的诱惑力和欺骗性，其价值观念正潜移默化地对青年学生产生影响，影响着青年人的价值判断和理想信仰。另外，相关部门对互联网上不良信息打击力量欠缺力度，加上制度和法律的滞后，客观造成了网络空间普遍缺乏起码的伦理道德屏障。这对于崇尚新知识、新文化、新观念的青年学生来说，无疑将面对网络文化的严峻考验，少数控制力不强的人很有可能因价值观的错误而埋下犯罪的因子。

现行的教育体系及制度的缺陷，是导致大学生网络犯罪的重要原因。长期以来的应试教育使学校教育围着分数转，重智育轻德育、重学历轻素质成为教学的普遍现象。许多大学生从小就缺乏必要的道德和法制教育，缺乏正确的人生观、价值观教育，造成大学生的网络犯罪。

大学生高学历、高智商以及其好奇和好胜的特点，是导致网络犯罪的又一重要原因。从网络犯罪的涵义中可以明确一点，这种犯罪都是基于网络的，也就是说和网络有着特别的联系。大学生具有接受新事物的倾向和叛逆精神，并具有强烈的好奇和好胜心理。在目前网络犯罪中，比如系统侵入或者是编制病毒、有关计算机设备的犯罪等，往往是大学生出于好奇或好胜心理，当犯罪的事实降临到头上时，自己还没有意识到。大学生大都处在18～25岁的年龄段，心理还不成熟，特别是往往缺乏正确的性心理，法律意识又比较淡薄，因此，大学生不仅是网络犯罪的“易感人群”，而且又属于互联网上的“弱势群体”，一旦触网涉黄，便会无法自拔。

三、大学生网络犯罪的手段

1. 网络窃密

利用网络窃取科技、军事和商业情报是网络犯罪最常见的一类。当前，通过国际信息高速公路互联网，国际犯罪分子每年大约可窃取价值20亿美元的商业情报。在经济领域，银行成了网络犯罪的首选目标。犯罪形式表现为通过用以支付的电子货币、账单、银行账目结算单、清单等来达到窃取公私财产的目的。

2. 制作、传播网络病毒

网络病毒是网络犯罪的一种形式，是人为制造的干扰破坏网络安全正常运行的一种技术手段。网络病毒的迅速繁衍，对网络安全构成最直接的威胁，已成为社会一大公害。

案例1

新华网武汉2月12日电（记者方政军）湖北省公安厅12日宣布，根据统一部署，湖北网监在浙江、山东、广西、天津、广东、四川、江西、云南、新疆、河南等地公安机关的配合下，一举侦破了制作传播“熊猫烧香”病毒案，抓获李某、雷某等8名犯罪嫌疑人。这是我国破获的国内首例制作计算机病毒的大案。

据介绍，2006年年底，我国互联网上大规模爆发“熊猫烧香”病毒及其变种，该病毒通过多种方式进行传播，并将感染的所有程序文件改成熊猫举着三根香的模样，同时该病毒还具有盗取用户游戏账号、QQ账号等功能。该病毒传播速度快，危害范围广，截至案发为止，已有上百万个人用户、网吧及企业局域网用户遭受感染和破坏，引起社会各界高度关注。《瑞星2006安全报告》将其列为十大病毒之首，在《2006年度中国大陆地区电脑病毒疫情和互联网安全报告》的十大病毒排行中一举成为“毒王”。

2007年1月中旬，湖北省网监部门根据公安部公共信息网络安全监察局的部署，对“熊猫烧香”病毒的制作者开展调查。经查，熊猫烧香病毒的制作者为湖北省武汉市李某，据李某交代，其于2006年10月16日编写了“熊猫烧香”病毒并在网上广泛传播，并且还以自己出售和由他人代卖的方式，在网络上将该病毒销售给120余人，非法获利10万余元。经病毒购买者进一步传播，导致该病毒的各种变种在网上大面积传播，对互联网用户计算机安全造成了严重破坏。

3. 高技术侵害

这种犯罪是一种旨在使整个计算机网络陷入瘫痪、以造成最大破坏性为目的的攻击行为。世界上第一个侵入军用计算机系统的15岁美国少年米尼克，凭着破译电脑系统的特殊才能，曾成功进入“北美防空指挥中心”电脑系统。

4. 高技术污染

高技术污染是指利用信息网络传播有害数据、发布虚假信息、滥发商业广告、侮辱诽谤他人的犯罪行为。由于网络信息传播面广、速度快，如果没有进行有效控制，造成的损失将不堪设想。

四、大学生网络犯罪的应对

对大学生网络犯罪的防范和治理是一个系统工程，不仅关系到高新技术的法律保护，更重要的是关系到大学生的健康成长，因此，它需要社会的共同努力，在提高大学生自身素质的同时，需要从犯罪学、社会学多角度加以防范和治理，营造一个良好的社会环境。

（1）抓好大学生的网络道德教育和法制观念教育，这是治本之策。一方面，要从网络道德教育入手，加强大学生个人道德修养，重点培养大学生的自律能力和明辨是非的能力，使其形成正确的世界观、价值观，在他们的思想上建立起一道防止网络犯罪的“防火墙”，让大学生在多元化价值观体系下，学会鉴别，学会选择。同时，应加强法制观念教育，增强大学生法律意识。通过学习法律知识，提高法律素质，建立起适应现代生活的法律观念。要使他们明白网络犯罪尽管有别于传统的暴力犯罪，但其危害程度是相同的，都是对社会公共安全、他人人身财产权利等的侵害，都是违反法律的，必将受到法律的严惩。

（2）社会、学校、家庭协同作战，共建“三位一体”的防范网络。预防大学生网络犯罪是一项全社会都应关心的工作，也是一项需要综合治理的大工程。公安网监部门、社会各界、大学生自身的家庭都肩负着重要的责任。要充分利用课堂、新闻媒体的宣传教育功能，有针对性地开展正面教育，使大学生自觉地按照正确的人生观和道德观的要求来处理网上的各种行为和利益关系，不断提高自律能力和自我防范意识。父母和老师应当经常与大学生进行思想交流，及时了解、掌握他们的思想动态，发现问题，及早采取措施。

（3）加强对网络的管理，改变“多头管理”的模式。从源头上对提供互联网接入服务的有关电信运营商进行严格要求，按照国家规定，对证照不全的网吧一律关闭。同时，切实加强技术手段，严格控制不良信息源头，严密监控互联网入口，加强“防火墙”的研制，最大限度阻止各类不良信息与大学生接触。此外，还要加强对网吧等娱乐游戏场所的管理，对一些违法、违规开业的网吧依法取缔，学校图书馆应该增加积极的网络资源和实用的书籍，丰富大学生的业余生活。

总之，大学生网络犯罪已经成为一个不容忽视的社会问题，只有通过家庭、学校及社会的共同努力，才能有效防范和治理这一犯罪形象，促进社会健康与稳定地发展。

第四章 交通安全

第一节 交通安全常识

交通安全是指不发生交通事故或少发生交通事故的主观条件，即指交通参与者要严格遵守交通法规，提高警惕，不因麻痹大意而发生交通事故。大学生交通安全是指大学生在校园内和校园外的道路上严格遵守《中华人民共和国道路交通安全法》和其他道路交通法规，在行走、乘坐交通工具时的人身安全。只要有行人、车辆、道路这三个交通安全要素存在，就有交通安全问题，这就要求大学生掌握一定的交通安全知识，增强交通安全意识，避免交通违章，减少交通事故。

一、交通安全规则

（一）行走须知

（1）行人须在人行道内行走，没有人行道的要靠路边行走。

（2）行人不准在车行道上追逐、猛跑，不准在车辆临近时突然猛拐横穿。

（3）不准在道路上扒车、追车，不准强行拦车或抛物击车。

（4）不准在公路上玩耍、嬉闹。

（5）学龄前儿童在街道或公路上行走，须有成年人带领。

（二）乘车须知

（1）不准在道路中间招呼车辆。

（2）机动车在行驶中不准将身体的任何部位伸出窗外。

（3）乘车时，不准站立，不准在车内吃东西。

（4）不强行上下车，做到先下后上，候车要排队，按秩序上车；下车后要等车辆开走后再行走，如要穿越马路，一定要确保安全的情况下穿行。

（5）不乘坐超载车辆，不乘坐无载客许可证的车辆。

（三）骑车须知

（1）未满12周岁的儿童不准在道路上骑自行车、三轮车。

（2）拐弯前须减速慢行，向后瞭望，伸手示意，不准突然拐弯。

（3）不准双手离把，不准攀扶其他车辆或手中持物。

（4）不准车辆并行、互相追逐或曲折竞驶。

（5）要经常检查车子性能，响铃、刹车或其他部件有问题时不能骑车，应及时修理。

（6）不准撑伞骑车，不准骑车带人。

（7）不准在道路上学骑车。

（8）不准在车行道上停车或与机动车争道抢行。

横过道路时，要选择有人行横道的地方。这是行人享有“先行权”的安全地带。在这个地带，机动车的行驶速度一般都要减慢，驾驶员也比较注意行人的动态。在没划有人行横道的地方横过道路，要特别注意避让来往的车辆。避让车辆最简单的方法是:先看左边是否有来车，没有来车才走入车行道；再看右边是否有来车，没有来车时就可以安全通过了。

二、乘车安全常识

（1）乘坐公共汽车、电车和长途汽车须在站台或指定地点依次候车，待车停稳后，先下后上；在道路上搭乘机动车，应当从车身右侧上车；不得强行上下或者攀爬行驶中的车辆。

（2）不要在车行道上或交叉路口处拦出租车，应当在非交叉路口处的行人道上拦出租车。

（3）不要携带易燃、易爆等危险物品乘坐公共汽车、出租车、长途汽车和火车。

（4）机动车行驶中，不要将身体任何部位伸出车外，不准跳车。

（5）车辆行驶中，不要与驾驶员闲谈或者有妨害驾驶员安全操作的行为。

（6）车辆在高速行驶中，不要在车内站立，不向车外抛弃物品，前排乘坐时应系好安全带。

（7）乘坐货运机动车时，除驾驶室外，不要乘坐其他任何部位。

（8）乘坐大型客车时，上车后一定要先察看安全门和安全锤的存放地方。

（9）不要在道路中间上下车。

（10）下车后，不要从车前、车后突然走出横穿马路。

（11）乘车时要坐稳扶好，没有座位时，要双脚自然分开，侧向站立，手应握紧扶手，以免车辆紧急刹车时摔倒受伤。

三、行人交通安全常识

1. 人行道

行人要在人行道上行走，多人同行时注意避免三人以上并行而妨碍别人通行。没有设置人行道的路段，行人应在非机动车道右侧1米范围内行走（行人在上述活动空间内行走时，车辆不应侵犯其安全通行空间）。

2. 行人过街设施

行人横过机动车道，要走人行横道、人行过街天桥或地下通道等行人过街设施。也不要在车辆临近时突然横穿（要让司机有足够的时间发现行人后停车，保障行人安全）。有交通信号控制的人行横道，须按信号规定通过；没有交通信号控制的人行道，须注意车辆，在保证安全的前提下通过。

3. 横过交通繁忙的道路

当路上交通繁忙、车辆密集且车速较快，以致不能安全通过时，除非该处有人行横道，否则不要横过道路。如果车辆时密时疏，应待车流较疏时再通过，而不能冒险在车流中行行停停或往来穿梭。

4. 不要翻越护栏

在交通繁忙的路段一般都设有车行道护栏，用以阻止行人过道路。行人不能穿越或倚坐。行人如果强行穿越的话，会使驾驶员措手不及，难以及时采取有效措施，从而造成交通事故。

5. 恶劣天气横过道路

在天气恶劣时横过道路要格外小心，特别是倾盆大雨或大雾时更要留神。因为在这种情况下，驾驶人较难看见行人；而行人由于雨具摭挡视线，也难看见附近车辆。为避免危险发生，行人应调整好雨具，看清路面情况待没有车辆驶近时才可横过道路。

6. 夜间横过道路

夜间步行时，要尽量选择有路灯的人行横道穿过道路。因为在夜间车流少，车速一般较快，同时驾驶人较难看见行人，而行人也难估计车辆的速度。

7. 横过道路禁忌

横过道路途中若遇到有车辆驶近时，不要突然加速横穿或后退、折返，尽量要让驾驶人知道自己的去向。如果因车辆多而一时在横过道路途中受阻，可利用路中央的分界线作为紧急停留的地方；切忌不看身后而直接后退，因为身后很可能有已经驶近或正在驶近的车辆，导致发生交通事故。横过有绿化带隔离的机动车和非机动车道，在没有行人过街设施的情况下，要选择没有篱笆摭挡、视线开阔、具有安全通行条件的路段穿越，不能从绿化带中突然冲出，这样极易被疾驶而过的汽车撞上。因为有篱笆摭挡视线，司机难以准确判断是否有行人横穿；即使有时发现有人横穿，也会因车速快而来不及采取避让措施。

四、乘坐火车、轮船、飞机时的安全

1. 乘坐火车

（1）禁止携带易燃、易爆、腐蚀、毒害、放射物等危险品和管制刀具进站上车，也不得在托运的物品中夹带危险品。

（2）车站于开车前 5 分钟停止检票，请于此前登车或在站台上安全线以内等候。

（3）上下列车时要排队先下后上，不要拥挤。禁止在列车底下钻爬或爬上车顶、跳下站台、进入铁道线路等，禁止随未停稳的列车奔跑和抓上、抢下。

（4）乘坐列车时，请勿挤、靠车门，不随意扳动列车上的紧急制动阀、手制动机、紧急停车按钮等安全设备。

（5）发生危及列车、旅客安全的情况时，应听从列车工作人员指挥，保持良好的秩序，不要急于拿东西。要帮助老、幼、病、残、孕等需要帮助的人。乘务员不在时，请及时通知列车工作人员。

（6）情况紧急必须紧急撤离车厢时，可按下车厢两端门上方的紧急停车按钮，并可在列车停稳后使用破窗锤击打车厢逃生窗玻璃逃生。

（7）动车组列车各部位均不得吸烟。

2. 乘坐轮船

（1）乘船旅行要做好必要的准备，可以多备 1 ～ 2 件外衣。

（2）乘船旅行和乘火车一样，严禁携带易燃易爆危险品，看到别人携带也要予以劝阻或反映给船上的服务人员，以确保全船人员的生命财产安全。

（3）登船后要尽快熟悉所乘舱位的周围环境。旅客登船后，找到自己的舱位，把自己的行李妥善处理后，就应立即熟悉自己舱位周围的环境，重点是牢记通向甲板的安全通道，以便出现紧急情况能尽快疏散。

（4）要牢记救生衣、救生船、灭火器、灭火栓所在的位置及使用方法，以便一旦发生意外，能尽快使用。

（5）船在航行中遇到大的风浪，会出现颠簸，这时不必惊慌，要听从乘务人员指挥，不要乱跑乱闯、大声喧哗，以免引起全船人员的混乱，使船体失去平衡，造成不可预料的严重后果。尤其是乘较小船只的海上或江河上航行，更应当注意这一点。

（6）如果发生局部失火、漏水或其他不安全迹象，应当尽快向乘务员报告，并立即采取补救措施。在搞不清情况前，不可大声喧哗，以免引起全船人不安或影响全船乘客休息。

（7）一旦发生沉船、撞船、火灾等事故，要在乘务人员指导下，和全船人员团结一致，沉着果断地采取措施，力争尽快排除险情。

（8）发生严重事故需要离船时，要发扬人道主义精神，互相帮助。要按照乘务人员的统一指挥，穿好救生衣，有秩序地乘救生船离开大船。千万不要你争我抢，乱作一团，那样会耽误宝贵的时间，使更多的人失去逃生的机会。

（9）发生事故后，要保持清醒的头脑，并始终要有战胜灾难的信心，不可有任何畏惧、悲观情绪。这样不但使自己难以逃生，而且还会感染别人，动摇大家同困难作斗争的信心。

（10）因事故逃离大船的人，要想方设法向周围过往船只发出求救信号，并要以坚强的毅力，等待救援的到来。

3. 乘坐飞机

（1）选择直飞班机。统计数据指出，大部分空难都发生在起飞、下降、爬升或在跑道上滑行的时候，减少转机能避免碰到飞行意外的概率。

（2）在选择飞机机型方面，应该选择至少100个座位的飞机。专家指出，飞机机体越大，受到国际安全检测标准也越多、越严，而在发生空难意外时，大型飞机上乘客的生存概率也相对小飞机高。如欧洲的“空中客车”、美国的“波音”、我国的“新舟”等。

（3）熟记起飞前的安全指示。飞行安全专家表示，各种不同机型的逃生门位置都有出入，乘客上了飞机之后，应该花几分钟仔细听清楚空服人员介绍的安全指示，如果碰到紧急情况，才不会手足无措。

（4）大件行李不要随身带上飞机。现在越来越多乘客为了节省等领行李的时间，喜欢把大件行李随身带上飞机，这是不符合飞行安全的行为。飞行安全专家说，如果飞机遭遇气流或在紧急事故发生时，座位上方的置物柜通常承受不住过重物件，许多乘客都是被掉落下来的行李砸伤头部甚至死亡。

（5）随时系紧安全带。在飞机遭遇气流时，系紧安全带能提供乘客更多一层的保护，不至于在机舱内四处碰撞。

（6）意外发生时，一定要听从空乘人员的指示。

（7）不要携带危险物品上飞机。

（8）咖啡、热茶等高温的饮料，应该让受过专业训练的空中服务员为乘客服务。乘客自己拿这些高温液体的话，经常会发生烫伤意外。

（9）不要在飞机上喝太多的酒。由于机舱内的舱压与平地不同，过多酒精将使得乘客在紧急时刻应变能力减缓，丧失逃生的宝贵机会。

（10）随时保持警觉。飞行安全专家指出，意外发生时机上乘客应该保持冷静，在空服人员的指示下尽快离开。

有恐高症的人尽量不要乘坐飞机出行。

第二节　交通违章及事故

一、交通违章

交通违章是指所有违反交通法规的行为。

1. 道路交通违章的特性

（1）行为的危害性。道路交通违章行为对社会、国家和公民的利益具有危害性。

（2）行为的违法性。违反交通管理法规的行为，以交通法规的规定为依据，违反即构成违章。

（3）行为的情节轻微性。交通违章是轻微的违法行为，依照我国刑事法律的规定尚构不成犯罪，不需要进行刑事处罚制裁，其社会危害性小。

（4）行为的应受罚性。由于具有社会危害性和违法性，按照法规规定，违章行为都应受到一定的行政处罚。

2. 道路交通违章的分类

交通违章按情节轻重可分为：轻微违章、一般违章和严重违章。

（1）轻微违章：交通行为人在主观上由于旧习惯或过失行为所致，在客观上对交通秩序影响不大，未造成不良后果的违章行为。如行人不走人行横道，机动车停车超过停止线等。

（2）一般违章：交通行为人在主观上属于明知故犯，有一般过错，在客观上对交通秩序影响较大，可能造成一定不良后果的违章行为。如自行车行驶在机动车道，机动车停车不靠边、不在指定站点上下人等。

（3）严重违章：交通行为人在主观上无视交通法规和交通安全，在客观上导致交通堵塞或导致交通事故，造成严重的违章行为。如骑“飞”车撞伤路人，驾驶机动车违反装载规定、发生人员伤亡等，均属严重违章。

3. 大学生的交通违章

大学生的交通违章是指大学生在校园里或在道路上违反国家交通安全法和其他道路交通管理法规、规定，妨碍交通秩序和影响交通安全，未造成交通事故的过错行为。

二、交通事故

交通事故是指汽车等机动车辆或非机动车辆造成的人员死、伤或物损事件。

1. 引发因素

（1）客观因素。道路、气象等原因，也可引起事故发生。

（2）车况不佳。车辆技术状况不良，尤其是制动系统、转向系统、前后桥有故障，没有及时检查、维修。

（3）疏忽大意。当事人由于心理或者生理的原因，没有正确观察和判断外界事物而造成精力分散、反应迟钝，表现为观望不周、措施不当。还有当事人依靠自己的主观想象判断事务或者过高估计自己的技术，过分自信，对前方、左右车辆、行人形态、道路情况等，未判断清楚就盲目通行。

（4）操作失误。驾驶车辆的人员技术不熟练，经验不足，缺乏安全行车常识，未掌握复杂道路行车的特点，遇有突然情况惊慌失措，发生操作错误。

（5）违反规定。当事人由于不按交通法规和其他交通安全规定行车或者走路，致使交通事故发生。如酒后开车、非驾驶人员开车、超速行驶、争道抢行、违章装载、超员、疲劳驾驶、行人不走人行横道等原因造成交通事故。

2. 事故分类

（1）轻微事故。是指一次造成轻伤1～2人，或者财产损失机动车事故不足1000元、非机动车事故不足200元的事故。

（2）一般事故。是指一次造成重伤1～2人，或者轻伤3人以上，或者财产损失不足3万元的事故。

（3）重大事故。是指一次造成死亡1～2人，或者重伤3人以上10人以下，或者财产损失3万元以上不足6万元的事故。

（4）特大事故。是指一次造成死亡3人以上，或者重伤11人以上，或者死亡1人，同时重伤8人以上，或者死亡2人，同时重伤5人以上，或者财产损失6万元以上的事故。

3. 大学生的交通事故

大学生的交通事故是指大学生以及其他在道路上进行与交通有关活动的人员，在校园内及社会道路上因违反交通管理法规，过失造成人身伤亡或财产损失的事故。

第三节　日常交通安全事故的处理与预防

大学生发生交通事故的概率逐年上升，校园内易发生交通事故的主要原因是思想麻痹和安全意识淡薄。许多大学生刚刚离开父母和家庭，缺乏社会生活经验，头脑里交通安全意识比较淡薄，同时有的同学在思想上还存在校园内骑车和行走比公路上安全的错误认识，一旦遇到意外，发生交通事故就在所难免。

一、校园交通安全

随着高校改革的不断深入，高校与社会的交流越来越频繁，使校园内人流量、车流量急剧增加。高校教师私家轿车拥有量激增，电瓶车更是普遍，学生骑自行车的很多，开汽车上学也已不再是新闻。校园道路建设、校园交通管理滞后于高校的发展，一般校园道路都比较狭窄，交叉路口没有信号灯管制，也没有专职交通管理人员管理；校园内人员居住集中，上、下课时容易形成人流高峰等，致使高校的交通环境日益复杂，交通事故经常发生。校园内发生交通事故的主要形式有以下几种。

1. 注意力不集中

表现为行人在走路时边走路、边看书、边听音乐，或者左顾右盼、心不在焉。

2. 在路上进行球类活动

大学生精力旺盛、活泼好动，即使在路上行走也喜欢嬉戏打闹，甚至有时还在路上进行球类活动，更是增加了发生事故的危险。

3. 骑"飞车"

一般高校校园面积都比较大，宿舍与教室、图书馆等之间的距离比较远，所以许多大学生购买了自行车，课间或下课时骑自行车在人海中穿行是大学的一道风景线。

二、校园外常见的交通事故

1. 行走时发生交通事故

大学生余暇空闲时购物、观光、访友要到市区活动，这些地方车流量大，行人多，各种交通标志让人眼花缭乱，与校园相比交通状况更加复杂，若缺乏通行经验，发生交通事故的概率很高。上海一所著名大学的校长说："在各个大学中普遍存在这样一种情况，少数学生书读得越多，越不会走路，遵守交通规则的意识越淡薄，不仅在校园里乱骑车、乱停车，在马路上违反交通规则也时有发生。”

案例1

1999年10月，南京某重点大学一位男生丁某，双休日与几个同学上街。街上车辆川流不息，行人熙熙攘攘，不一会儿丁某与同学掉了队。正当他着急四处张望时，同学在马路对面大声叫丁某的名字，他就慌忙朝马路对面跑过去，此时一辆大卡车正飞驰而来，将其撞倒并从他身上碾压过去，为此丁某付出了生命的代价。

2. 乘坐交通工具时发生交通事故

大学生离校、返校，外出旅游、社会实践，寻找工作等都要乘坐各种长途或短途的交通工具。全国各地高校大学生因乘坐交通工具发生交通事故的情况时有发生，有时甚至造成群体性伤亡，教训十分惨重。

案例2

1994年7月，湖北某高校学生放暑假后，7位老乡约好一起乘车回家。途中要经过一个汽渡码头，按安全管理规定汽车过汽渡，乘客必须下车。但乘客认为上车下车麻烦，就没有下来，司机见他们都不想下来也没有再坚持。汽渡船离岸后，由于江面上风大浪急，加上汽车制动不灵、车轮下又没有塞三角枕木，停在尾部的汽车从汽渡船上滑入江中。车上45名乘客，25人死亡，3人下落不明，只有17人获救，7位学生无一生还。

三、校园交通事故的预防与处理

1. 校园交通事故的预防

（1）提高交通安全意识，发生交通事故最主要的原因是思想麻痹、安全意识淡薄。作为一名在校大学生遵守交通法规是最起码的要求。

（2）自觉遵守交通法规除提高交通安全意识、掌握基本的交通安全常识外，还必须自觉遵守交通法规。以下两点是大家必须掌握并要在日常生活中严格遵守的。

① 在道路上行走，应走人行道，无人行道时靠右边行走。走路时要集中精力，“眼观六路，耳听八方”；不与机动车抢道，不突然横穿马路、翻越护栏，过街走人行横道；不闯红灯，不进入标有“禁止行人通行”、“危险”等标志的地方。

②乘坐交通工具。乘坐市内公共交通等车停稳后，依次上车，不挤不抢。车辆行驶中不得把身体伸出窗外；乘坐长途客车、中巴车时不能贪图便宜，乘坐车况不好的车，不要乘坐“黑巴”、“摩的”，这些车辆安全没有保障。乘坐火车、轮船、飞机时必须遵守车站、码头和机场的各项安全管理规定。

2. 发生交通事故的处理

（1）遇到交通事故，不要慌乱，要沉着冷静，要保护自己，看有无受伤。如果有伤要立即拦车或打车到就近的医院救治。

（2）要立即向交通管理部门报告。校外可拨打“122”，校内要向保卫处报告，由学校配合公安部门进行处理。

（3）要保护好交通事故现场，在公安部门和学校保卫处未到达现场之前，要尽量保护好现场，如果是机动车，要记住肇事车辆车牌号防止对方逃逸。

第五章　消防安全

大学校园是人员高度聚集的场所，教学仪器、科研设备、易燃品多，用电量大，学生宿舍密集，一旦发生火灾事故，影响广、损失大。懂得火灾预防和学会火场逃生，可以从根本上减少或避免校园火灾事故的发生以及人员的伤亡。大学生通过学习消防安全常识，可以增强消防安全常识，熟悉消防器材的性能和特点，掌握灭火、疏散、逃生的技能，提高自防自救能力，做到“三懂三会”，即懂火灾的危害性、懂火灾的扑救方法、懂火灾的预防措施，会报火警、会使用灭火器、会逃生自救。

“隐患险于明火，防范胜于救灾，责任重于泰山。”希望同学们自觉承担起校园防火工作的义务，更多地学习和掌握消防知识，遵守各项防火制度，积极参与校园消防工作，使校园形成“人人关心消防、处处注意防火”的群防群治的局面，从根本上减少或避免校园火灾事故。

第一节　消防基础知识

一、火灾的规律

（一）火灾及其危害

火灾是指在时间或空间上失去控制的燃烧所造成的灾害。凡存在违反消防法律法规的行为，可能造成火灾危害的，均为火灾隐患。凡存在严重违反消防法律法规的行为，可能造成重大人员伤亡或重大财产损失的，为重大火灾隐患。

人类与火结缘的历史已有170多万年，然而，人类真正对火的本质有明确认识的时间相对较短。火和其他物质同样具有两重性：火的利用，造就了今天人类社会的文明发展和幸福生活；火一旦失控，超出有效范围内的燃烧，带给人类的破坏，是灾难，是死亡。火灾危害是除了战争、瘟疫、地震和水涝等之外危害比较严重的灾害，它造成的生命财产损失难以估计、无法挽回，它的破坏力非常大。所以说人类使用火的历史与同火灾作斗争的历史是相伴相生的，人们在用火的同时，不断总结火灾发生的规律，尽可能减少火灾及其对人类造成的危害。对于火灾，在我国古代，人们就总结出“防为上、救次之、戒为下”的经验。随着社会的不断发展，在社会财富日益增多的同时，导致发生火灾的危害性也越来越大。据统计，我国20世纪70年代火灾年平均损失不到2.5亿元，20世纪80年代火灾年平均损失不到3.2亿元，进入20世纪90年代，特别是1993年以来，火灾造成的直接财产损失上升到年均十几亿元，年均死亡2000多人。实践证明，随着社会和经济的发展，消防工作的重要性就越来越突出。

（二）火灾的分类

根据物质燃烧特性，可划分为A、B、C、D、E五类。

A类火灾：指固体物质燃烧形成的火灾。这些物质都具有有机物质性质，一般在燃烧时会产生灼热的余烬，如木材、煤、棉、毛、麻、纸张等。

B类火灾：指液体和可熔化的固体物质燃烧形成的火灾，如汽油、煤油、柴油、原油、甲醇、乙醇、沥青、石蜡、塑料等。

C类火灾：指气体燃烧形成的火灾，如煤气、天然气、甲烷、乙烷、丙烷、氢气等。

D类火灾：指金属燃烧形成的火灾，如金属钾、钠、镁、铝或其他合金等。

E类火灾：指带电物体和精密仪器等物质燃烧形成的火灾。

（三）火灾的等级

根据2007年6月26日公安部下发的《关于调整火灾等级标准的通知》，新的火灾等级标准由原来的特大火灾、重大火灾、一般火灾3个等级调整为特别重大火灾、重大火灾、较大火灾和一般火灾4个等级。

（1）特别重大火灾：指造成30人以上死亡，或者100人以上重伤，或者1亿元以上直接财产损失的火灾。

（2）重大火灾：指造成10人以上30人以下死亡，或者50人以上100人以下重伤，或者5000万元以上1亿元以下直接财产损失的火灾。

（3）较大火灾：指造成3人以上10人以下死亡，或者10人以上50人以下重伤，或者1000万元以上5000万元以下直接财产损失的火灾。

（4）一般火灾：指造成3人以下死亡，或者10人以下重伤，或者1000万元以下直接财产损失的火灾。

注："以上"包括本数，"以下"不包括本数。

（四）火灾的发展规律

实践证明，多数火势是从小到大、由弱到强逐步扩展的。火灾的形成过程一般分为初期、成长、猛烈、衰退四个阶段，前三个阶段是造成火灾危害的关键。

1. 火灾初期阶段

一般固体可燃物质发生燃烧，火源面积不大，火焰不高，烟和气体的流速不快，辐射热不强，火势向四周发展的速度比较缓慢。这段时间的长短，随建筑物结构及空间大小的不同而不同。在这种情况下，只需少量的人力和简单的灭火工具就可以将火扑灭。

2. 火灾成长阶段

如果初期阶段的火灾未被发现或扑救，随着燃烧时间的延长，燃烧强度增大，温度逐渐上升，燃烧区内逐步被烟气所充满，周围的可燃物迅速被加热，此时气体对流增强，燃烧速度加快，燃烧面积迅速扩大，会在一瞬间形成一团大的火焰。在这种情况下，必须有一定数量的人力和消防器材装备，才能及时有效地扑灭。

3. 火灾猛烈阶段

随着燃烧时间的延长，燃烧速度不断加快，燃烧面积迅速扩大，燃烧温度急剧上升，持续温度达600～800摄氏度，辐射热最强，气体对流达到最高速度，燃烧物质的放热量达到最高数值，此时建筑材料和结构受到破坏，发生变形或倒塌。这段时间的长短和温度高低，取决于建筑物耐火等级。在这种情况下，需要组织较多的灭火力量和花费较长的时间，才能控制火势。

4. 火灾衰退阶段

猛烈燃烧过后，火势衰退，室内温度下降，烟雾消散，火灾渐渐平息。

（五）燃烧必须具备的条件

1. 可燃物质

凡能够与空气中的氧或其他氧化剂引起剧烈化学反应的物质，一般都称为可燃物质，如木材、纸张、汽油、酒精、氢气、钠、镁等。

2. 助燃物质

凡能和可燃物发生反应并引起燃烧的物质，称为助燃物质，如空气、氧、氯、过氧化钠等。

3. 着火源

凡能引起可燃物质燃烧的热能源，叫作着火源，如明火、赤热体、火星、聚焦的日光、机械热、雷电、静电、电火花等。

只有同时具备以上三个燃烧所必须的条件，才能发生燃烧。但是某些条件下，除了要具备燃烧的三要素外，还要有一定的条件。

第一，要有足够的可燃气体或蒸汽。例如：用火柴在常温下去点汽油，能立即燃烧，但若用火柴在常温下去点柴油，却不能燃烧。

第二，要有足够的助燃物质。燃烧若没有足够的助燃物，火焰就会逐渐减弱，直至熄灭。如在密闭的小空间中点蜡烛，随着氧气的逐渐耗尽火焰会最终熄灭。

第三，要让着火源达到一定的温度，并具有足够的热量。如火星落到棉花上很容易着火，而落在木材上则不易起火，因为木材燃烧需要的热量较棉花多。白磷在夏天很容易着火，而煤则不然，这是由于白磷燃烧所需要的温度很低（34℃），而煤所需的燃烧温度很高（3652℃）。

二、火灾的成因

火灾事故发生的原因主要有纵火、电气、违章操作、用火不慎、玩火、吸烟不慎、自燃、雷击、静电以及其他因素如地震、风灾等。

校园火灾事故发生的原因主要有以下。

（1）不良习惯，如乱扔未熄灭的烟头，躺在床上吸烟，把燃烧的香烟放在一边去干别的事情。

（2）违规使用明火，如宿舍内点蜡烛、烧酒精炉等。

（3）违规使用大功率电器及使用或放置电器不当，如电炉、热得快、电热壶、电饭锅、电熨斗、电吹风、充电器等长时间处于通电状态或外出忘记关电源，照明灯具靠可燃物太近等。

（4）乱拉乱接电源线。

（5）学生在实验室过程中操作不慎。

案例1

2001年3月10日夜，某校学生郝某在计算机上机时吸烟，将烟缸中未熄灭的烟头放入教室门后的废纸篓里后离开，约半小时烟头引燃废纸、书柜等物。烧毁天花板、柜子、计算机等物，价值数千元，依据有关规定对郝某某治安拘留七天。

案例2

2012年10月29日5时左右，长春大学旅游学院一寝室电器短路发生火灾。寝室同学及时发现，宿舍管理和保安5分钟内成功将楼内400名学生疏散，并且在消防官兵赶到前将火扑灭。经过初步调查，失火原因是电器使用不当，清晨供电时电器短路。

案例3

2011年10月10日小午，中南大学实验楼楼顶发生火灾，过火面积790平方米，直接经济损失49.97万元。引发火灾的罪魁祸首是一个损坏的水龙头，前些日子该水龙头出了故障，时好时坏，没有得到及时维修。有人在水槽上盖了一块板子，提醒水龙头有问题，不要使用。当天上午9点多学生进入实验室打扫卫生，午饭时间后，学生们关上实验室门出去吃饭。结果，那个损坏的水龙头突然流水，水顺着板子流到了下方的储藏柜中，储藏柜里放着遇水便燃烧的金属钠、三氯氧磷等化学药剂。

案例4

2014年1月11日凌晨1时37分，云南省迪庆藏族自治州香格里拉县独克宗古城发生火灾。截至11日晚10时，经初步统计，火灾共造成古城335户群众受灾，其中烧毁房屋242栋，还造成古城部分文物、唐卡等文化艺术品烧毁。火灾原因为独克宗古城池廊硕8号的如意客栈经营者在卧室内使用取暖器不当，入睡前未关闭电源，取暖器引燃可燃物。

第二节　火灾的预防与扑救

火灾虽然是一种危害性极强的多发性灾害，但它不是不可预防和控制的。大学生在学习、日常生活和实验过程中多注意一些细节问题，有些火灾是可以避免的。

一、火灾的预防

火灾预防的关键是抓住防止产生燃烧的条件，不让燃烧三个条件相互结合并发生作用，以及采取限制、削弱燃烧条件发展的办法，阻止起火。主要是控制可燃物，以非燃材料代替易燃或可燃材料。隔绝助燃物，就是使可燃性气体、液体、固体不与空气、氧气或其他氧化剂等助燃物接触，即使有着火源，也因为没有助燃物参与而不发生燃烧。消除着火源，严格控制明火源、电火源，防止摩擦撞击起火，防止静电火花等。提高防范意识，做好预防措施，才能最大限度地避免火灾。

（一）校园内火灾预防

1. 教室的火灾预防

（1）保持门畅通或打开全部门。

（2）不准易燃物附近使用大功率照明灯或用电热器具取暖。

（3）不准违反操作规程使用电子教具。

（4）电源线路不得超负荷用电。

（5）按照安全规定存放易燃物品。

（6）不准在教室内吸烟、乱扔烟头。

2. 图书馆的火灾预防

（1）检查电线、电器设备以免发生短路。

（2）不准使用火柴、打火机等随意点火。

（3）不准图书馆内吸烟、乱扔烟头

（4）不准大功率照明灯靠近幕布或易燃装饰物。

（5）保持疏散通道畅通。

3. 实验室的火灾预防

（1）实验室内易燃易爆物品按照规定保存。

（2）实验过程中不准违反操作规程。

（3）实验过程有专人指导。

（4）实验项目防火措施完善。

（5）试剂不混存。

4. 宿舍的火灾预防

（1）不准使用劣质电器。

（2）不准违章使用大功率用电设备。

（3）不准私接、乱拉电线，安装电源插座。

（4）不准在床上吸烟或乱扔烟头。

（5）不准在蚊帐内点蜡烛。

（6）不准擅自使用酒精炉等可能引起火灾的器具。

（7）不准在宿舍内焚烧杂物。

（8）不准台灯靠近枕头、被褥。

（9）不准手机充电器放在床上充电。

（10）不准占用、堵塞疏散通道。

（11）不准携带易燃易爆物品入舍或存放。

（12）不准离开宿舍不关电源。

5. 礼堂、报告厅的火灾预防

（1）电源线路、用电器具应经常检查。

（2）不得超负荷用电和私拉乱接电线。

（3）不准乱扔烟头。

（4）不准大功率照明灯靠近幕布或易燃装饰物。

（5）不准违章使用明火。

（6）保持安全门、疏散通道通畅。

（7）不准场馆内超过额定人数。

（二）家庭火灾的预防

1. 加强消防宣传

利用广播、电视、报纸等新闻媒体，通过印发居民防火知识手册，普及消防安全常识，提高居民的防火意识和自救能力。加强对青年的消防教育，注重学校及家长对孩子的教育。

2. 规范房屋装修

对房屋进行装修时，要符合安全原则，尽量使用阻燃材料或对易燃材料进行处理。要保持居室的走道、楼梯畅通，不随意堆物；不允许以防盗为名，擅自安装铁门将楼房通道、安全出口封堵。

3. 正确使用电器

（1）常用灯具应安装在距可燃物一定距离外，防止照明热量引燃可燃物。

（2）雷电时收看电视不要使用室外天线，防止被雷击起火。

（3）电冰箱在使用时应保持后部干燥通风，避免接触可燃物。

（4）电热毯防止弄湿或电热丝断裂，或长时间通电而起火；电熨斗在使用时和使用后都应放置在专用的架子上，让其自然降温，防止因余热而引起火灾。

（5）定期对电器进行维护保养，防止受热、受潮或腐蚀；严格按要求使用电器设备。

4. 规范物品摆放

不将物品，尤其是可燃物堆放在影响疏散的位置，如走廊、楼梯间休息平台及楼梯下方等位置，也不能将可燃物堆放在用火频繁或者容易产生高温的地方，如灶台、取暖灯附近，防止起火。

二、火灾的扑救

按照燃烧原理，灭火方法的原理是将灭火剂直接喷射到燃烧的物体上，或者将灭火剂喷洒在火源附近的物质上，使其不因火焰热辐射作用而形成新的火点。

（一）灭火的基本方法

1. 冷却灭火法

这种灭火法的原理是将灭火剂直接喷射到燃烧的物体上，以降低燃烧的温度于燃点之下，使燃烧停止。或者将灭火剂喷洒在火源附近的物质上，使其不因火源热辐射作用而形成新的火点。冷却灭火法是灭火的一种主要方法，常用水和二氧化碳作灭火剂冷却降温灭火。灭火剂在灭火过程中不参与燃烧过程中的化学反应。这种方法属于物理灭火方法。

2. 隔离灭火法

隔离灭火法是将正在燃烧的物质和周围未燃烧的可燃物质隔离或移开，中断可燃物质的供给，使燃烧因缺少可燃物而停止。例如，将靠近火源的可燃、易燃、助燃物品搬走；把着火的物体移到安全的地方；关闭电源以及可燃气体、液体的管道阀门，中止和减少可燃物质进入燃烧区域；拆除与燃烧物邻近的易燃建筑物等。

3. 窒息灭火法

窒息灭火法是阻止空气流入燃烧区或用不燃烧区或用不燃物质冲淡空气，使燃烧物得不到足够的氧气而熄灭的灭火方法。例如，用沙土、水泥、湿麻袋、湿棉被、干粉、泡沫等不燃或难燃物质覆盖燃烧物；把不燃的气体或液体（如二氧化碳、氮气、四氯化碳等）喷洒到燃烧物区域或燃烧物上。

4. 家庭灭火好帮手——食盐

食盐是紧急情况下可以需选择的一种有效的家庭灭火剂。食盐的主要成分是氯化钠，在高温火源下，可迅速分解为氢氧化钠，通过化学作用，吸收燃烧环节中的自由基，抑制燃烧的进行。当灭火用的食盐数量足够时，被消耗的自由基多于燃烧分解出来的自由基，导致燃烧反应中断。颗粒盐更是有效的灭火剂，颗粒盐因为颗粒大，含水量较多，在高温下吸热膨胀快，破坏了火苗的形态，同时发生吸热反应，稀释燃烧区的氧气浓度，所以能使火很快熄灭，而精细的盐面，颗粒均匀，含有一定的水分，是灭油火的好帮手。

（二）火灾扑救的一般原则

1. 及时报警，恰当扑救原则

大学生发现火灾时，应及时报警。报警时要沉着镇定，清楚简要地讲明起火地点、具体位置、燃烧物质和火势大小等情况，同时把自己的电话号码告诉对方，以便联系，随后派人到校门口或必经的路口等候，以引导消防车迅速到达火灾现场。火灾的蔓延很快，在报警的同时要及时扑救初起火灾。发现起火时不要惊慌失措，要勇敢地以最快速度、最有效的办法将火熄灭。可以就近选择简单工具，如毛毯、棉被等覆盖火苗，然后浇水扑灭；或者用灭火器材灭火。对于不能立即扑救的，要首先控制火势的继续蔓延和扩大，在具备扑灭火灾的条件时，展开全面扑救。在扑救可燃气体或液体火灾时，则应先切断可燃物的来源，然后争取灭火一次成功。若个别物品着火，能搬到屋外的要尽快搬出去再灭火。要把着火处附近的可燃物及液化气罐及时搬移到安全的地方，防止火势蔓延。

2. 救人第一的原则

火场上如果有人受到火势威胁，应急人员或消防人员首要的任务是把受困的人员从火场中抢救出来。做到救人与救火同时进行，以救火保证救人的展开，通过灭火，更好地救人脱险。

3. 防中毒，防窒息原则

许多化学物质在燃烧时都会产生有毒烟雾，一些有毒物品燃烧时，如果使用的灭火剂不当，也会产生有毒或剧毒气体，扑救人员如果不注意则很容易发生中毒。有大量烟雾或使用二氧化碳等窒息方法灭火时，火场附近空气中氧气含量降低也很可能引起人员窒息。为此，在扑救有毒物品时要正确使用灭火器，以避免产生有毒或剧毒气体，扑救时人应尽可能站在上风方向，必要时要佩戴面具，以免发生中毒或窒息。

（三）常用消防器材及消防设施

1. 灭火器的种类

灭火器的种类很多，按其移动方式可分为手提式和推车式；按驱动灭火剂的动力来源可分为储气瓶式、储压式、化学反应式；按所充装的灭火剂可分为泡沫、干粉、卤代烷、二氧化碳、酸碱、清水等。

2. 空气泡沫灭火器适应火灾及适应方法。

（1）适应火灾：适用于扑救一般B类火灾，如油质品、油脂等火灾，也可适用于A类火灾，但普通泡沫不能扑救B类火灾中的水溶性可燃、易燃液体，如、醇、酯、醚、酮等物质火灾；不能扑救带电设备及C类和D类火灾。

（2）使用方法：使用时可手提或肩扛迅速奔到火场，在距燃烧物6米左右，拔出保险销，一只手握住开启压把，另一只手紧握喷枪；用力捏紧开启压把，打开密封或刺穿储气瓶密封片，空气泡沫即可从喷枪口喷出。空气泡沫灭火器使用时，应使灭火器始终保持直立状态、切勿颠倒或横卧使用，否则会中断喷射。同时应一直紧握开启压把，不能松手，否则也会中断喷射。

3. 二氧化碳灭火器适应火灾和使用方法

（1）适应火灾：适应于扑灭乙醇、油类等可燃液体、可燃气体火灾，也可扑救600V以下的电器设备、贵重设备、图书资料等初期阶段火灾。

（2）使用方法：灭火时只要将灭火器提到或扛到火场，在距燃烧物5米左右放下灭火器拔出保险销，一只手握住喇叭筒根部的手柄，另一只手紧握启闭阀的压把。对没有喷射软管的二氧化碳灭火器，应把喇叭筒往上扳70°～90°。使用时，不能直接用手抓住喇叭筒外壁或金属连线管，防止手被冻伤。灭火时，当可燃液体在容器内燃烧时，使用者应将喇叭筒提起，从容器的一侧上部向燃烧的容器中喷射，不能将二氧化碳射流直接冲击可燃液面，以防将可燃液体冲出容器而扩大火势，造成灭火困难。

4. 干粉灭火器适应火灾和使用方法

（1）适应火灾：适用于易燃、可燃液体、气体及带电设备的初期火灾；多用途干粉用于某些用水不能扑救的火灾，如重要的图书、档案资料等，扑救后一般不留痕迹，也可扑灭金属火灾。

（2）使用方法：灭火时，可手提或肩扛灭火器快速奔赴火场，在距燃烧处5米左右，放下灭火器。如在室外，应选择在上风方向喷射。使用的干粉灭火器若是外储气瓶式的，则向逆时针方向旋开，并旋到最高位置，随即提起灭火器，操作者应先将开启把上的保险销拔下，然后握住喷射软管前段喷嘴部，另一只手将开启压把压下，打开灭火器进行灭火。有喷射软管的灭火器或储压式灭火器在使用时，一手应始终压下压把，不能放开，否则会中断喷射。

第三节　火场疏散逃生

一、安全疏散

在学校人员比较集中的场所，一定要考虑火灾发生后的疏散问题，关键是在火灾生初期，采取有效措施组织疏散被困人员，安全撤离。具体应做好以下几点。

1. 制订疏散预案

当火灾发生在人员集中场所，必须帮助受火势威胁的人员有序地脱离危险区，必须有组织地进行疏散。平时有关单位就应和消防主管部门进行研究，拟定抢救疏散计划，提出在火灾情况下稳定受困人员情绪的措施，对工作人员按不同区域提出任务和要求，规定疏散路线和疏散出口，画出疏散人员示意图进行演练。一旦发生火灾，应按既定方法和预案组织人员疏散。疏散应设专人组织指挥，分组行动，互相配合。在专业消防人员到达现场之前，要求火场上受火势威胁的人员必须服从管理人员的指挥。

2. 酌情通报火灾情况

发生火灾时，作为组织人员，应保持镇静，立即通过广播、警铃、室内电话等设施以及喊话等方式，向火灾建筑物内的人员发出警报。通过宣传稳定人员的情绪，告知最佳疏散路线、疏散方法及疏散中必须注意的事项；组织建筑内工作或熟悉建筑情况的有关人员维护现场秩序，尽快组织有序疏散，防止惊慌造成挤伤、踩伤等事故。在火场上具体怎样通报，可根据火场具体情况确定，但必须保证迅速简便，使各种疏散通道得到及时、充分的利用，防止发生混乱。

3. 分组实施引导

由于人员受急于逃离火场的心理影响，当起火后可能会因蜂拥阻滞通道口，甚至发生挤压踩踏，造成伤亡。此时，管理人员要按预案设法分组引导疏散，防止人员逃离时发生混乱现象。同时，设立火场警戒区，把疏散出来的人员带到安全区域，不允许无关人员进入危险地带。

二、火场人员自救逃生方法

人们面对突如其来的火灾威胁，往往容易惊慌失措，做出一些非理智性的举动，从而丧失火灾初期逃生的绝好时机，造成在火灾中受伤，乃至丧命。面对灾害，增强自我防范意识是很有必要的，同为火灾所困，有人葬身火海，也有人死里逃生幸免于难。面对浓烟毒气和熊熊烈焰，如能冷静机智地运用火场自救与逃生知识，就有可能拯救自己。

火场逃生的自救方法与火势的大小、起火时间、楼层高度和建筑物内有无报警、排烟、灭火设施等因素有关，但最主要还是与被困者的自救能力以及是否懂得步骤和方法等因素有密切关系。实施自救行动之前，强制自己一定要保持头脑冷静，根据周边环境和各种自然条件，选择自救方式。

1. 熟悉所处环境

了解和熟悉经常或临时所处建筑物的消防安全环境。对工作或居住的建筑物，事先可制订较为详细的逃生计划，进行必要的逃生训练和演练。对确定的逃生出口、路线和方法，要让所有成员都熟悉掌握。必要时可把确定的逃生出口和路线绘制成图，张贴在明显的位置，以便平时大家熟悉，一旦发生火灾，则按逃生计划顺利逃出火场。当人们外出，走进商场、宾馆、酒楼、歌舞厅等公共场所时，要留心看一看太平门、安全出口、灭火器的位置，以便遇到火灾时能及时疏散和灭火。只有警钟长鸣，养成习惯，才能处险不惊，临危不乱，保全生命。

2. 保持镇静，迅速撤离

突遇火灾，面对浓烟和烈火，首先要强令自己保持镇静，并迅速判断危险地点和安全地点，决定逃生的办法，尽快撤离险地。千万不要盲目地跟从人流相互拥挤、乱冲乱窜。撤离时要注意，朝明亮处或外面空旷的地方跑，要尽量往楼层下面跑，若通道已被烟火封阻，则应朝背向烟火的方向离开，通过阳台、气窗、天台等往室外逃生。

3. 简易防护，掩鼻匍匐

逃生时如果经过充满烟雾的路线，要防止烟雾中毒、预防窒息。为了防止火场中的浓烟呛人，可以采用毛巾口罩掩鼻，匍匐撤离。烟气较空气轻且飘于上部，贴近地面撤离是避免烟气吸入、滤去毒气的最佳方法。如果要穿过烟火封锁区，应佩戴好防毒面具、头盔、阻燃隔热服等护具，如果没有这些护具，可以向头部、身上浇冷水或用湿毛巾、湿棉被、湿毯子等将头、身裹好，再冲出去。

4. 善用通道，不乘坐电梯

按规范标准设计建造的建筑物，都会有两条以上的逃生楼梯、通道或安全出口。当发生火灾时，要根据情况选择进入相对较为安全的楼梯通道。除了可以利用楼梯外，还可以利用建筑物的阳台、窗台、天台、天面屋顶等攀到周围的安全地点，然后沿着落水管、避雷线等建筑物结构中凸出物滑下楼。在高层建筑物中，电梯的供电系统在火灾发生时随时会断电或因热的作用电梯变形，使人被困在电梯内，同时由于电梯井犹如贯通的烟囱直通各楼层，有毒的烟雾直接威胁被困人员的生命。因此，千万不要乘普通的电梯逃生。

5. 不入险地，不贪财物

在火灾中，人的生命最重要，不要因顾忌贵重物品，把宝贵的逃生时间浪费在穿衣服或寻找、搬运贵重物品上。已逃离火场的人，千万不要重返险地。

6. 固守避险，等待救援

假如用手摸房门已感到烫手，一旦开门，火焰与浓烟势必迎面扑来。此时，首先应关紧迎火的门窗，打开背火的门窗，用湿毛巾、湿布等塞住门缝，或用水浸湿棉被，蒙上门窗，然后不停用水淋透房间，防止烟火渗入，固守房间，等待救援人员到达。

7. 传送信号，寻求援助

被烟火围困时，尽量待在阳台、窗口等易于被人发现和能避免烟火近身的地方。在白天，可向窗外晃动鲜艳的衣物等；在晚上，可用手电筒不停地在窗口晃动或敲击东西，发出有效求救信号。在被烟气窒息失去自救能力时，应努力爬向门边或墙边，既便于消防人员寻找、营救，也可防止房屋塌落时砸伤自己。

8. 火已及身，切勿惊跑

火场上的人如果发现身上衣服着火了，千万不要惊跑或用手拍打，因为奔跑或拍打时会形成风势，加速氧气的补充，促旺火势。当身上的衣服着火时，应赶紧设法脱掉衣服或就地打滚，压灭火苗；能及时跳进水中或让人向自己身上浇水、喷灭火剂就更有效了。

9. 缓降逃生，滑绳自救

火场上逃生的首先选择就是灵活有效地利用当时现场的各种有利条件。如下层着火时，楼上的人不要惊慌失措，要迅速侦查楼梯间情况，若楼梯间只有烟而没有火，可采取低姿穿越逃生；若楼梯间被烟火封住但未塌陷，还有可能冲出去时，可向头部、上身淋些水，用浸湿的棉被、毛毯等物披围在身上，从火中冲过去。

高层、多层建筑发生火灾后，可迅速利用身边的绳索或床单、窗帘、衣服等自制简易救生绳，并用水打湿后，从窗户或阳台沿绳滑到下面的楼层或地面逃生。即使逃生也要跳在消防员准备好的救生气垫上。如没有救生气垫，楼层高度在三层以下、非采取跳楼的方式不可时，可以迅速利用身边的绳索或床单、窗帘、衣服等自制简易救生绳并用水打湿，紧拴在窗框、暖去管、铁栏杆等固定物上，用毛巾、布条等保护手心，顺绳滑下，或下到未着火的楼层脱离险境。

10. 跳楼有术，虽损求生

如果被大火困在二三层楼内，无条件采取其他自救方法并得不到外界救助，在烟火威胁的情况下，也可以选择跳楼逃生。但在跳楼之前，应先向地面扔些棉被、枕头、床垫、大衣等柔软物品，以便跳楼时人体“软着陆”。用手扒住窗台，身体下垂，头朝上脚朝下，自然下滑，以缩小跳楼高度，并使双脚首先落在柔软物上。如果被烟火围困在建筑物三层以上的楼层内，千万不要急于跳楼，因为距地面太高，往下跳容易造成重伤或死亡。

第四节　消防标志

一、火灾报警和手动控制装置的标志

消防手动启动器

发声警报器

火警电话

二、火灾时疏散途径的标志

紧急出口

滑动开门

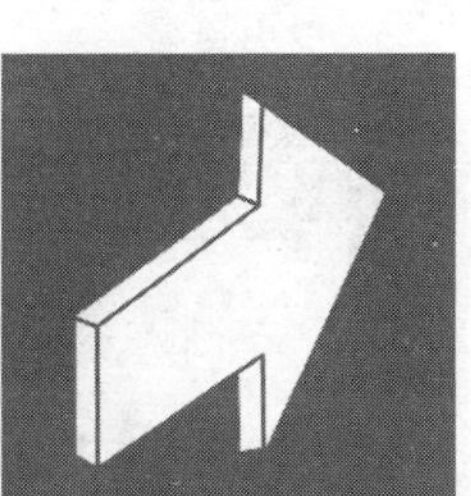

推开

拉开

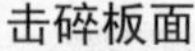
击碎板面

禁止阻塞

禁止锁闭

三、灭火设备的标志

灭火设备

灭火器

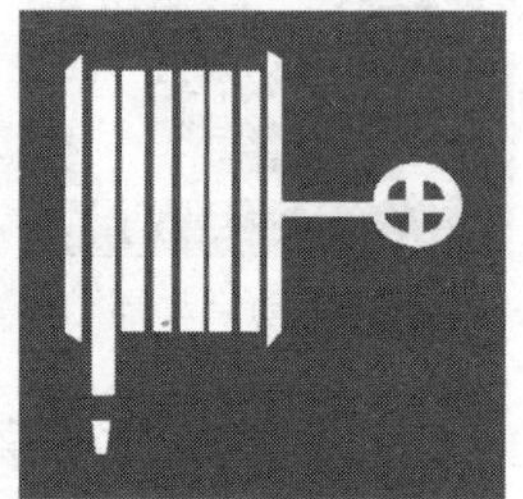
消防水带

地下消火栓

地上消火栓

消防水泵接合器

消防梯

四、具有火灾、爆炸危险的地方或物质的标志

当心火灾——易燃物质

当心火灾——氧化物

当心爆炸——爆炸性物质

禁止用水灭火

禁止吸烟

禁止烟火

禁止放易燃物

禁止带火种

禁止燃放鞭炮

第六章　财产安全

第一节　防盗窃

一、高校盗窃案例特点

1. 盗窃案件是大学校园中的多发性案件

盗窃是指以非法占有为目的，秘密窃取国家、集体或他人财物的行为。它是一种最常见并为师生员工深恶痛绝的违法犯罪行为。其中，数额较大的（目前一般掌握在1000元以上）称为刑事案件中的盗窃案，数额较小的按治安案件的偷窃案查处。以作案主体分，盗窃案可分为外盗、内盗和内外结伙盗窃。高校中内盗发案率较高，主要是少数大学生因对自己要求不严，人生观和价值观发生扭曲，法律意识淡薄，不顾家庭和自身经济承受能力，追求时髦，导致没有钱花就去偷，逐步走上违法犯罪的道路。预防和打击高校盗窃案，不仅是公安机关和学校保卫部门的重要任务，也是每个大学生应尽的责任和义务。增强防盗意识，了解校园内盗窃犯罪的基本情况、规律和特点，掌握防盗的基本常识和技能，是防盗和保证安全的基础。

2. 大学校园里容易被盗的物品

（1）现金、存折和汇款单等。无论是人民币还是外币，都是一般等价物，盗走后都能及时花掉，且不易辨认。

（2）贵重物品。如笔记本电脑、随身听、手机、文曲星、黄金饰品等。贵重物品被盗后，犯罪分子将它卖掉可以变成钱。

（3）衣物等生活用品和学习用具等。

3. 大学校园里什么地方容易发生盗窃案件

（1）学生宿舍。学生的现金、贵重物品、生活用品主要放在宿舍里，宿舍是最容易发生盗窃的场所。有些同学缺乏应有的警惕性，安全防范意识差，如离开宿舍不锁门窗、看到陌生人乱窜不管不问、随便留宿外人或出借钥匙等。

（2）餐厅、教室、图书馆、操场、浴室等公共场所。学生的现金、贵重物品、学习用品放在包里，包放在公共场所，人离开了，极易被盗。锻炼身体时将贵重衣服、物品等放在操场，洗澡时放在浴室的衣柜中不加锁等，也易被盗。

二、盗窃分子作案的手段

1. 盗窃分子作案的主要手段

（1）顺手牵羊。盗窃分子趁主人不备，将放在桌上、床上的贵重物品或将晾晒在阳台、走廊中的衣服偷走。这种盗窃手段，不用撬门撬窗，非常方便，故称“顺手牵羊”。

（2）溜门盗窃。盗窃分子趁室内无人、房门未锁之机，溜进门来，将室内贵重物品盗走。这种手段速度非常快，甚至不到1分钟即可完成。尤其是在夏季，夜间睡觉图凉快不关门，小偷趁机入室盗窃。

（3）窗外钓鱼。盗窃分子趁室内无人或室内人员睡觉之机，用竹竿、木棍等工具在未关闭、未加锁的窗户外，将室内的贵重物品、衣服等钩走。

（4）翻窗入室。盗窃分子趁窗户敞开之机，割破纱窗，入室盗窃。

（5）撬锁入室。盗窃分子趁室内无人之机，撬坏门锁，入室盗窃。

（6）先盗钥匙，再盗物品。盗窃分子趁人不备，在宿舍等处偷来钥匙，或在图书馆、教室、餐厅等公共场所，先从书包中盗窃学生的钥匙，然后尾随学生认清他的宿舍，待宿舍无人之机用钥匙开门，入室盗窃。

除上述六类外，还有偷配钥匙预谋行窃，以找人、推销商品等名义混入宿舍行窃等。

2. 盗窃分子的主要作案时间

盗窃是用非法手段秘密窃取他人财物，故盗窃分子必然要回避人，尽量不让人发觉。一般来说，盗窃分子在作案时间上有如下规律。

（1）上课期间。上课期间学生大都去上课，特别是上午一、二节课，宿舍内几乎空无一人，是盗窃分子的可乘之机。

（2）夏秋季节。天气炎热，许多学生敞开门窗睡觉，为盗窃分子大开方便之门。

（3）新生入学、老生毕业之际。天南海北的新生，带着数千元的学费、生活费来到学校，情况尚不了解，缺乏独立生活经验，警惕性不高，也是犯罪分子的可乘之机；老生毕业时，进出宿舍的人较多，卖旧书、卖生活用品和收购废品的人也较多，学生忙于离校，警惕性放松，也易被盗。

（4）放假前后。放假前，学生忙于复习考试，精力集中在学习上，这期间家里寄来路费，学生手中的现金较多；放假期间，绝大多数学生回家，宿舍内人员很少，犯罪分子撬锁作案较多；开学后，学生带来现金较多，稍有疏忽，也易被盗。

（5）早操时间。早操时少数同学不愿起床，睡意蒙眬，给溜门盗窃分子提供了可乘之机。

三、高校防盗窃

1. 高校盗窃案件特殊性

一般盗窃案件都有以下共同特点：实施盗窃前有预谋准备的窥测过程；盗窃现场通常遗留有指纹、脚印、物证等痕迹；盗窃手段和方法常带有习惯性；有被盗窃的赃款、赃物可查等。但由于客观场所和作案主体的特殊性，决定了高校盗窃案件还有以下特点。

（1）时间上的选择性。不法分子在有人的情况下是不会行窃的，作案人必然选择作案地点无人的空隙实施盗窃。如上课期间，同学们都去教室上课了，作案人便会光顾宿舍；下班时间或节假日，实验室、办公室、财会室、计算机室通常处于无人状态，作案人便会乘虚而入。

（2）目标上的准确性。高校中内盗案件较多。财会室、计算机室在什么位置，作案人都掌握得一清二楚；哪个学生有钱或有贵重物品，常放在什么地方，是否锁在箱、柜里，钥匙放在何处，作案分子都基本了解。不动手便罢，一旦动手目标十分准确。

（3）技术上的智能性。高校中盗窃案件的作案主体，一般以高学历、高智商的人为多，有的本身就是大学生。他们盗窃技能高于一般盗窃作案人员。他们经常会用你的钥匙开你的锁，或制作“万能”钥匙等，进行智能型违法犯罪活动。

（4）作案上的连续性。正是由于作案人比较“聪明”，所以其第一次作案容易得手。“首战告捷”后，作案人往往产生侥幸心理，加之报案的滞后性或破案的延迟性，作案人极易屡屡作案而形成一定的连续性。

（5）作案人员构成特点。一是外部人员混入校园、在校园中作案占多数；二是大学生在校园中作案占一定比例；三是宿舍、餐厅、图书馆、教室、浴室等场所发生的盗窃案，内部大学生作案占多数。

2. 如何预防盗窃，确保财产安全

（1）要牢固树立防盗意识，克服麻痹思想。千万不要以为大学校园是太平世界，是保险箱。盗窃分子的眼光时时盯着大学校园，特别是盯着缺乏经验的大学生。大学校园里时常有盗窃分子出入，身边的大学生也有少数人有盗窃行为。因此，防盗既要防外贼，也要防内贼。

（2）妥善保管好现金、存折、汇款单等。现金最好的保管办法是存入银行，尤其是数额较大的要及时存入，因购买贵重物品而需要大额现金时，应当天取当天用，因故不能当天购物时，应将钱再存入银行，绝不能怕麻烦。要就近储蓄，储蓄时设置密码。密码应选择容易记忆且又不易解密的数字，不要选用自己的出生日期，这样，即使存折或现金卡被盗，犯罪分子也不容易取走钱，事主也有时间到银行挂失。身份证是最有效的证件，存折丢失，可以凭身份证去挂失、凭身份证去取款。因此，存、汇款单据，存折及现金卡要同身份证、学生证分开存放，防止被犯罪分子同时盗走。

（3）保管好自己的贵重物品。不要将贵重物品随便放在桌子上、床上，防止被顺手牵羊或溜门或窗外钓鱼盗走。要放在加锁的抽屉、柜子里。寒暑假离校时应将贵重物品带走，或托给可靠的人保管，不要放在宿舍里，防止撬锁盗窃。贵重物品、衣物最好做上一些特殊记号，一旦被盗，报案时好说明，认领时也有依据，即使被盗，找回的可能性也大一些。

（4）养成随手关窗锁门的好习惯。上课、参加集体活动、出操、锻炼身体等离开宿舍时，要关好窗、锁好门，包括关好玻璃窗，因为仅仅一层窗纱不足以防盗。一个人在宿舍时，即便是上厕所、到水房洗衣服、洗漱等几分钟、十几分钟即可回来，也要锁好门，防止被犯罪分子溜门盗窃。

（5）在教室、图书馆看书和在餐厅打饭时，不要用包占座，不在包里放现金、贵重物品、钥匙，防止包被盗或包内现金、贵重物品、钥匙被盗。

（6）不带较多的现金和贵重物品到公共浴池洗澡，这些场所往往是犯罪分子行窃的地方。

（7）高校里自行车（电动车）被盗案时有发生，规模大的高校每年发生数百上千起，规模小的院校每年也发生几十、上百起。要养成随手锁车的好习惯，尤其对好车要严锁严管，采取切实有效的防盗措施，如使用大号防盗锁、同时使用多种锁具防盗等，最好存放在有人看管的车棚里。在校园中特别是在各停车点往来的师生员工要多留心身旁的可疑人员，发现问题及时拨打校园110报警。

3. 发现被盗后怎么办

下课回到宿舍，发现门窗被打开，或窗上玻璃被打碎、纱窗被割破、室内物品被翻得比较乱，这是室内发生盗窃的明显标志。遇到这种情况，头脑要清醒，不要急于到室内查找自己的物品。首先，要保护好犯罪分子留下的现场，任何人不要进入室内，以便公安人员在现场提取犯罪分子留下的痕迹。其次，要马上报告学校保卫部门或公安机关，请他们来现场调查了解。第三，配合公安保卫部门查破案件。如果发现存折或汇款单丢失，要马上到银行、邮局去报告、挂失。平时若丢失贵重物品、自行车等，也要及时到学校保卫部门报告，讲明丢失或被盗情况及自己物品的特征，提供查破线索等。

第二节 防 诈 骗

一、诈骗

1. 概念

诈骗是指以非法占有为目的，用虚构事实或者隐瞒真相的方法，骗取公私财物的违法犯罪行为。其中骗取数额较大的，目前司法实践掌握在2000元及以上以诈骗罪论处。骗取所得在2000元以下的，属于一般违反治安管理的行为，酌情给予批评教育或治安处罚。由于它一般不使用暴力，而是在平静甚至“愉快”的气氛下进行的，受害者往往会上当。提防和惩治诈骗分子，除依靠社会力量和法治以外，更主要的还是大学生自身的谨慎防范，认清诈骗分子的惯用伎俩，以免上当受骗。

2. 大学生上当受骗的原因

（1）思想单纯，防范意识较差。大学生从小到大一直在学校里读书，社会生活经验少，思想单纯，分辨是非能力较差。有的学生感情用事，见到自称是“落难者”就想“慷慨解囊”，结果疏于防范，落入骗子设下的圈套。

（2）贪小便宜，急功近利。贪心是受骗者最大的心理缺点。很多诈骗分子之所以屡屡得手，很大程度上是利用了人们的贪心。一些同学往往为诈骗分子所开的“好处”、“利益”所吸引，不加深入分析，不作调查研究，自认为是用最小的代价获取最大的利益，结果却“鸡飞蛋打”或“捡了芝麻，丢了西瓜”。

（3）有求于人，轻率行事。每个人免不了有求他人相助之事，能否如愿要看是何事、对象是谁。如果不辨青红皂白，为达目的而轻率交友，弄不好会上当受骗。据调查，当前大学生容易被利用的心态是：想经商助学而缺乏经商实际经验；急于成名爱慕虚荣而无意戒备；想谋到理想工作而到处“寻找门路”等。

二、诈骗作案的手段及应对方法

1. 诈骗的手段

随着社会治安的日趋复杂，形形色色的违法犯罪分子往往在年轻幼稚、思想单纯的大学生身上打主意，借结交之机或推销之名，变换手法，施展骗术，引你上当。其诈骗的主要手段如下。

（1）伪装身份，直接骗钱。

（2）假冒身份，流窜作案。

（3）故意找茬，勒索钱财。

（4）骗取信任，寻机作案。

（5）招聘为名，设置骗局。

（6）以次充好，恶意行骗。

（7）投其所好，引诱上钩等。

2. 如何预防被诈骗，维护财产安全

（1）提高防范意识，学会自我保护。社会环境千变万化，青年大学生必须尽快适应环境，学会自我保护。要积极参加法制和安全教育活动，多知道、多了解、多掌握一些安全防范知识对于自己有百利而无一害。在日常生活中，要做到不贪图便宜、不谋取私利；在提倡助人为乐、奉献爱心的同时，要提高警惕性，不轻信花言巧语；不要把自己的家庭地址、电话号码等信息随便告诉陌生人，以免上当受骗；不能用不正当的手段谋求择业和出国；发现可疑人员

要及时报告，上当受骗后更要及时报案、大胆揭发，使犯罪分子受到应有的法律制裁。

（2）交友要谨慎，避免以感情代替理智。人的感情是主体与客体的交流，既是主观体验也是对外界的反映，本身应该包含合理的理智成分。若只凭感情用事、一味“跟着感觉走”，往往容易上当受骗。交友的基本原则有两条：一是择其善者而从之，真正的朋友应建立在志同道合、高尚的道德情操基础之上，是真诚的感情交流而不是简单的利益关系。二是严格做到“四戒”，即戒交低级下流之辈，戒交挥金如土之流，戒交吃喝嫖赌之徒，戒交游手好闲之人。

（3）同学之间要相互沟通，相互帮助。在大学里，无论哪个院系、哪个专业，班集体是最基本的组织形式。在这个集体中，大家向往着同一个学习目标，生活和学习是统一的、同步的，同学间、师生间的友谊比什么都珍贵。因此，相互间应加强沟通、互相帮助。特别是在自己觉得可能会吃亏上当时，加强沟通或许会得到帮助并避免受骗。

（4）服从校园管理，自觉遵守校纪校规。为了加强校园管理，学校制定了一系列管理制度和规定，用来约束人们的行为，在执行过程中可能会给同学们带来一些不便，但却是必不可缺的。况且，绝大多数校园管理制度都是为控制闲杂人员和犯罪分子混入校园、宿舍等作案，以维护学生正当权益和校园秩序而制定的。因此，同学们一定要认真执行有关规定，自觉遵守校纪校规，积极支持有关部门履行管理职能，努力发挥自己应有的作用。

（5）常给家中报平安。现在的大学生多数为独生子女，家长时刻在关注着孩子的安全。最近一两年来，诈骗分子冒充学校的老师、同学、朋友，利用手机或短信，直接谎称“你家的孩子出事了，速将现金汇到某某指定账户”，不但使家长担惊受怕，还导致有的家长不明真相或汇了款或千里迢迢来到学校，造成较大的经济损失。由于诈骗分子使用“全球通”、“神州行”手机和“虚拟名字”的账户、账号，给公安机关侦破带来很大困难。提醒同学们，除个人、家庭敏感信息不要随便泄露外，还要经常向家长报个平安，以防家人上当受骗。

三、高校诈骗案件类型

（1）丢包诈骗：犯罪分子以掉钱、捡钱、分钱为幌子将受害者诱至偏僻路段或车辆上，后以受害者捡到其钱为借口，以查验受害者身上的存折、银行卡、现金为由骗走其身上财物，并趁机盗领银行卡存款。

（2）事故诈骗：犯罪分子冒充学校老师或医生，非法取得学生家庭或家长电话，谎称学生发生意外、受伤住院手术施救需汇款，让家长将钱汇往犯罪分子提供的账户实施诈骗。

（3）买卖货物赚差价诈骗：犯罪分子针对高校学生涉世不深、警惕性不高，以购销生活用品、学习用品为由利用受害人贪小便宜的心理，以假充真或在数量上使用障眼法实施诈骗。

（4）冒充身份诈骗：犯罪分子多以受害人亲人名义打电话，称在外地住院、上学或被公安机关抓获等急需用钱，让受害人将钱存入指定银行账户，或以陌生电话采取“猜猜我是谁”的方法冒充亲友实施诈骗。

（5）电信诈骗：犯罪分子冒充电信、银行、公安、法院等部门工作人员，以信用卡消费、信用卡透支、电话欠费、汽车退税、保险退费、学费退费、身份证内容泄露等致电受害者，将其骗至银行ATM机操作转账汇款实施诈骗。

（6）中奖诈骗：犯罪分子常以知名电视节目中奖为名，采用邮寄中奖信息、发短信、打电话等方式通知受害人，后以收取运输费、工本费、激活费、公证费、所得税等为由实施诈骗。

（7）网络诈骗：犯罪分子在网上发布招雇、信贷、购物等虚假信息，以收取相关费用为由实施诈骗。

（8）ATM柜员机诈骗：犯罪分子往往采取转移注意力调包银行卡或银行柜员机安装装置造成不吐卡、不出钱等方法，盗领卡内存款或诱骗使用者拨打求助电话，再冒充银行工作人员实施诈骗。

（9）传销诈骗：犯罪分子利用亲人、同学、老乡等熟人关系，诱骗受害人以介绍工作、做生意发财或发布虚假招聘信息为诱饵，使受害人深陷传销组织不能自拔。

第三节 防抢劫

一、抢劫

抢劫是指以非法占有为目的，以暴力、胁迫或者其他方法施行的将公私财物据为己有的一种犯罪行为。抢夺是指以非法占有为目的，趁人不备，公然夺取他人的财物。这两类犯罪行为同时都侵害了他人的人身权利，而且容易转化为凶杀、伤害、强奸等恶性案件，严重侵犯大学生的财产及人身权利，威胁大学生生命安全，造成大学生生命、健康及精神上的损害，比盗窃犯罪具有更大的危害性。这两类犯罪行为在大学校园里远比盗窃行为发生得少，但也有可能发生，因此，也必须积极防范。

二、校园预防抢劫

1. 大学校园抢夺案件的特点

（1）案发时间多为晚上，特别是校园内夜深人静、行人稀少时；午休时间也可能发案。

（2）发案地点多为校内偏僻场所、人少地段。

（3）抢劫、抢夺的对象多为携带贵重物品的人或滞留在黑暗处的恋爱男女或独自一人，特别是女同学。

（4）犯罪分子攻击的目标是抢夺现金、贵重物品。

（5）犯罪分子较凶残，多数携带凶器，极具侵害性。

2. 大学生如何预防抢劫、抢夺

（1）外出时不要携带过多的现金和贵重物品，特别是必须经过抢劫、抢夺案易发地段时，若因购物需要必须携带大量现金或贵重物品，应请同学随行。

（2）现金或贵重物品最好贴身携带，不要置于手提包或挎包内。

（3）不外露或向人炫耀贵重物品，应将现金、贵重物品藏于隐蔽处。

（4）尽量不要在午休、夜深人静时单独外出，特别是女同学；不要在僻静、黑暗处行走、逗留。若必须通过僻静、黑暗处，最好结伴而行，或携带防卫工具。

（5）发现有人尾随或窥视，不要紧张、露出胆怯神态，可大胆回头多盯对方几眼，或哼唱歌曲，或大叫同学、老师的名字，并改变原定路线，立即向有人、有灯光的地方行走。

（6）女生独自外出或回校，穿着不要过于时髦、暴露。

3. 发生抢劫、抢夺时的应对方法

（1）案发时要在保证自身安全的情况下尽力反抗，分析犯罪分子和自己的力量对比，只要具备反抗能力或时机有利，就应发动进攻，以制服或使作案人丧失继续作案的心理和能力。

（2）与作案人尽量纠缠。可利用有利地形和身边的砖头、木棒等足以自卫的武器与作案人形成僵持局面，使作案人短时间内无法近身，以便引来援助者并对作案人造成心理上的压力。

（3）实在无法与作案人抗衡时，可瞅准时机向有人、有灯光的地方或宿舍区奔跑。

（4）巧妙麻痹作案人。当已处于作案人的控制之下而无法反抗时，可按作案人的需求交出部分财物，并采用语言反抗法，理直气壮地对作案人进行说服教育，晓以利害，从而造成作案人心理上的恐慌。切不可一味求饶，应尽力保持镇定，与作案人说笑斗口，采取幽默方式表明自己已交出全部财物并无反抗意图，使作案人放松警惕，以便看准时机进行反抗或逃脱其控制。

（5）采用间接反抗法。趁其不注意时在作案人身上留下记号，如在其衣服上擦点泥土、血迹，在其口袋中装点有标记的小物件，在作案人得逞后悄悄尾随其后注意其逃跑去向等。

（6）若敌强我弱，要灵活、镇静，注意观察作案人，尽量准确记下其身高、年龄、体态、发型、衣着、语言、行为等特征。

（7）及时报案。要在最短时间内向公安机关、学校保卫部门报案，以便公安、保卫部门及时组织力量布控，抓获作案人。

（8）无论在什么情况下，只要有可能就要大声呼救，或故意高声与作案人说话。犯罪分子逃跑时，应大声呼叫周围的群众，堵截追捕，迫使犯罪分子放弃所抢物品。

第七章　日常生活卫生

现代科学证明，良好的生活方式（包括生活习惯）是人类身心健康的重要保证，是具有积极意义的卫生保健措施之一。当代大学生精力旺盛，处于长身体、长知识的阶段，良好的生活习惯是促进大学生身心健康，确保其顺利、成功度过大学阶段的一个重要基础。因此，重视大学生日常生活卫生是高校安全教育课重要课题之一。

第一节　保持良好的卫生习惯和生活习惯

一、良好的卫生习惯

在我们的同学中间存在着一些错误的认识，总认为卫生习惯是个人的小事，无关大雅，不值得大惊小怪，也就不重视平时卫生习惯的培养，如有些同学的课桌里甚至能找到已经放了好几天的包装纸、食品袋，大堆用过的面巾纸；有的同学好动，总喜欢在教室内外的墙上留下乱涂乱画、乱踢乱踏后的痕迹，有的污迹漫延到1米多高；有些值日同学在打扫教室卫生时，不将垃圾倒在垃圾箱内；不少同学公共道德意识不强，无论在教室里，还是在校园内，随地吐痰，吐口香糖；有的同学生病时咳嗽、打喷嚏，痰液飞沫四溅。这样的卫生习惯是令人讨厌的，不仅有损大学生朝气蓬勃的美好形象，更不利于个人的健康成长。

良好的卫生习惯是大学生健康成长的前提，也是事业成功的一个必不可少的条件。它不仅反映大学生的生活品味、精神面貌、思想情操和道德水准，而且也是大学生良好素养的外在表现和社会公德的体现。因此，同学们不仅自己要讲究卫生，还要人人争当卫生监督员，共同把学校的卫生抓上去，人人养成良好的卫生习惯。

1. 如何养成良好的卫生习惯

（1）要养成不随地吐痰的习惯。确因感冒克服不了的，应该准备卫生纸，吐在纸上，再扔进垃圾桶。

（2）要努力克服随手乱丢的坏习惯。要把废纸、果皮、包装袋扔进垃圾桶中，特别要杜绝从楼上往楼下扔东西的不道德行为。

（3）要努力克服乱倒垃圾的坏习惯。在卫生保洁或值日时，走再远的路，都要把垃圾及时倒进垃圾容器中，且不可乱倒。

（4）捡拾地面上的废弃物。要有随手捡拾地面上废弃物的意识和习惯，共同维护学校环境的整洁。

（5）不把包装袋带进课堂。每个人都保证做到不把包装袋带进课堂，从根本上杜绝乱扔乱丢现象。

（6）不乱涂乱画、乱踢乱踏。尤其是好动的同学，不在教室内外的墙上、楼道与楼梯上乱涂乱画、乱踢乱踏。

（7）养成早晚刷牙、饭后漱口的好习惯。每天早晚刷两次牙，而且晚上临睡前刷牙比早晨刷牙更重要。

（8）保持宿舍卫生做到干净、整齐，使人感到舒适。屋子里要经常开窗通风，保持空气新鲜；物品摆放整齐；衣服被褥要勤洗、勤晒。

培根曾经说过："习惯是一种顽强而巨大的力量，它可以主宰人生。"好习惯是一生的财富，坏习惯是一生的债务。良好卫生习惯的培养对学生的健康成长和以后的人生发展有着十分重要的意义。在这里我给同学们举两个例子：有一位老先生，10年之内做过5年访问学者。从硕士、博士到博士后一路走来，其学术成就令业内人士肃然起敬。然而就是这么一位有身份的老人，很本能地清扫垃圾，不但将自己喝过的一次性纸杯拿走，而且将桌上的纸杯、水果皮都清扫得干干净净，然后丢到楼下的垃圾桶里。与他同行的人不好意思，他反而安慰道：没关系，我已经习惯了。正是这个良好的习惯，不仅为他赢得了好人缘，而且也成就了他在学术界的地位。另外有一位企业家，与外商洽谈一个合作项目，通过洽谈，已经基本达成意向，准备隔天签约。洽谈休息时，企业家领外商到厂区参观，在参观的过程中，该企业家很随意地吐了一口痰，给外商留下了极差的印象。第二天，外商决定放弃签约。企业家因为一个坏习惯失去了一个大项目，企业因此失去了一个发展的机遇。

2. 提倡心理卫生，学会自我心理调节

（1）要对自然事物保持兴趣。像孩子一样，对环境中的色彩、声、光、香味、美景等自然万物保持兴趣，使人生变成一段趣味无穷的旅程。

（2）广交朋友，积极处世。与朋友一起，积极参与一些有意义的活动，克服顾影自怜，郁郁寡欢的自卑心理。

（3）乐观明朗的人生态度。无论在学校里或家庭中，避免过多抱怨、挑剔和指责。遇事不忘超脱，放弃一切成见。尤其在用餐时切忌苦恼、害怕、焦灼或责难。

（4）对问题当机立断，不要左思右想，犹豫不决。问题一经决定，不要再去多想。

（5）珍惜时光。不要热衷于空想未来或追忆从前而使自己陷入苦思冥想的深渊，应该以最有效的方式来积极去学习和生活。

（6）从事适度的文娱、体育活动。

（7）必要时可运用“心理防御机制”进行自我调节。

良好的卫生习惯是一个人终身享用不尽的财富。好的卫生习惯并不是抽象的概念，而是表现为一点一滴的生活小事，并时时伴随在我们的一举一动之中。养成良好的卫生习惯其实并不难，只要你看见垃圾走上前，动一动手，弯一弯腰，捡起来，扔进垃圾桶里，就是一种良好的“卫生习惯”。作为当代大学生，要特别注意“修身”，不断克服自身的不良卫生习惯，从小处做起，从思想上重视，

行动上努力，做到“我走过的地方总是干净的，我坐过的地方总是卫生的”。

二、良好的生活习惯

良好的生活习惯应该是从小慢慢养成的。俗话说，培养习惯，收获成功。为了达到身心健康的目的，从进入大学开始，就该切实重视这个问题，培养良好的生活习惯。

1. 安排好作息时间，形成良好的作息习惯

因为有规律的生活能使大脑和神经系统的兴奋和抑制交替进行，天长日久，能在大脑皮层上形成动力定型，这对促进身心健康是非常有利的。但不少大学对学生的作息时间要求不明确、不严格；学生没有了学习的压力，有的学生没有明确的学习目标，失去了明确的努力方向；再加上社会没能给大学生提供平等的就业机会，所以不少学生学业不努力，并形成了不良的作息习惯。有人说大学时期是最容易养成坏习惯的时期，原因是大学管理松散、学生自由支配时间多。大学生应注意培养自我控制和约束能力，增强时间观念，养成良好的作息习惯，睡眠时间每天一般不少于7小时，早睡早起，适当午休。

2. 要进行适当的体育锻炼，养成自觉锻炼的习惯

现在不少大学生不懂得体育锻炼的重要性，没有锻炼意识。认为自己年轻、身体好，没有锻炼的必要，体育锻炼是中老年人的事。其实青少年体育锻炼的效果最好，从青少年开始锻炼并形成习惯，对身体、学习或未来的工作都是大有裨益的。一旦身体出现问题或年龄大了才想到体育锻炼，往往达不到理想的效果。生命在于运动。在安排好学习的同时，也要根据自身的条件进行适当的体育锻炼，这样不但可以缓解刻板紧张的学习和生活，还可以放松心情、增加生活乐趣，有助于提高学习效率。跑步、打篮球、踢足球、打羽毛球等活动都有助于增强体质，提高对疾病的抵抗能力，这也是一种积极的休息。还要注意在锻炼过程中逐步找到适合自身特点的体育活动项目并一直坚持下去。

3. 要安排好饮食，养成良好的饮食习惯

饮食不良现象在大学生中比较普遍，主要表现在以下几个方面：一是饮食不规律。很多学生早晨起床比较晚，来不及吃早饭便去上课，或匆匆忙忙边往教室赶边吃一点，有的索性取消了早饭，有的则在课间饿的时候随便吃些零食。二是不懂营养搭配、荤素搭配。喜欢吃什么就经常吃什么，想吃什么就吃什么。三是暴饮暴食。学生主要在食堂就餐，由于食堂的就餐时间比较固定，常有学生由于学习或其他原因错过了开饭时间，于是就随便对付一下，等下一顿吃饭时再多吃。

最近几年，我国因饮食问题产生的疾病逐渐增加，发病率越来越高。青少年中肥胖率快速增高，高血压、高血脂等老年病的低龄化倾向等，都与饮食习惯有关，这应该引起全社会及每一个人的注意。大学时期应注意安排好饮食，逐步形成良好的饮食习惯。良好的饮食习惯包括饮食要定时定量；早饭要吃好、午饭要吃饱、晚饭要吃少；吃饭要细嚼慢咽、不要狼吞虎咽；注意营养搭配、荤素搭配，不要只吃“好的”、喜欢吃的，不能挑食偏食，要加强全面营养，还要多吃蔬菜和水果。

4. 不沉溺于电子或网络游戏，养成良好的生活习惯

网络生活已成为人们日常生活的重要组成部分，不可否认计算机网络在给大学生的学习和生活带来极大便利的同时，也对大学生的思想品德、学业、身心、人际关系、情绪情感、兴趣爱好等多方面带来不少负面影响，个别学生甚至达到网络成瘾的程度。目前在不少高校中都不同程度存在一些学生上网成瘾的问题，有的学生经常“包夜”，沉溺于网络游戏或“网聊”，白天无精打采或在课堂上睡觉。既给学生及家长带来了一定的经济负担，也严重影响了身心健康和学业成绩，同时对以后的工作和生活产生消极影响。

5. 要远离烟酒，形成良好的卫生习惯

烟酒的危害尽人皆知，但由于不良环境的影响、奋斗目标不明确、就业压力的增大等，使一些大学生与烟酒结缘。

生活中有些学生既不注意公共卫生、也不注意个人卫生。随地

吐痰，乱丢乱扔废纸、塑料袋，不打扫宿舍卫生，乱倒垃圾；被褥长时间不晒、不洗，洗衣不及时、不整洁，鞋袜洗晒不及时，没养成早晚刷牙的习惯等。

时代赋予了大学生新的历史使命，对大学生提出了更高的要求，当然也包括卫生习惯的要求，很难想象基本的公共卫生和个人卫生都不会做、做不好的人，工作上会有大的成就。大学生应该明确目标、振奋精神，从自身做起、从一点一滴做起，逐步养成良好的卫生习惯和生活习惯。

第二节　常见传染病及防治

一、常见传染病的主要类型

1. 流行性感冒

是由流感病毒引起的急性呼吸道传染病，具有很强的传染性。以空气飞沫直接传播为主，也可通过被病毒污染的物品间接传播。主要症状为发热、全身酸痛、咽痛、咳嗽等症状。人群对流感普遍易感，病后有一定的免疫力，但维持的时间不长，病毒不断发生变异，可引起反复感染发病。

2. 人感染高致病性禽流感

是由高致病性禽流感病毒引起的以呼吸道损害为主的人急性感染性疾病。禽流感主要通过空气传播，病毒随病禽分泌物、排泄物及尸体的血液，器官组织、饮水和环境以及衣物、种蛋等传播，造成环境污染，亦可经过消化道和皮肤伤口而感染。人禽流感的潜伏期一般为1～7天，出现早期症状与一般流感相似，主要有发热、流涕、咽痛、咳嗽等，体温可达39℃以上，伴有全身酸痛，有些病人有恶心、腹痛、腹泻、结膜炎等。任何年龄均具有被感染的可能性，但一般来说12岁以下儿童发病率较高，病情较重。与不明原因病死家禽或感染、疑似感染禽流感家禽密切接触人员为高危人群。

3. 结核病

结核病过去俗称“痨病”，是由结核杆菌主要经呼吸道传播引起的全身性慢性传染病，其中以肺结核最为常见，也可侵犯脑膜、肠道、肾脏、骨头、卵巢、子宫等器官。活动期的排菌（也就是痰涂片阳性或者痰培养阳性）肺结核病人是主要的传染源；结核病的传播途径有呼吸道、消化道和皮肤黏膜接触，但主要通过呼吸道传播。结核病多为缓慢起病，长期伴有疲倦、午后低热、夜间盗汗、食欲缺乏、体重减轻、女性月经紊乱等症状。严重的患者有高热、畏寒、胸痛、呼吸困难、全身衰竭等表现。人群普遍易感，与肺结核病人有密切接触的人群；机体对结核菌抵抗力较弱的人群，如幼儿、老年人、营养不良、尘（矽）肺、糖尿病患者、HIV阳性或者艾滋病人等群体是重点人群。

二、校园传染病流行特点

1. 极易发生

学校是人群高度集中的地方，一个班40～50个左右的学生，集中在50平方米左右的教室里，整天在一起生活学习，相互之间密切接触；如果卫生设施不好，卫生制度不健全，卫生习惯不好，就具备了传染病在学校里发生与流行的条件。

2. 传染病的集散场所

学校人员年龄构成从儿童、少年到青年。学生每天从四面八方、一家一户汇集到学校里来，又从学校分散到千家万户里去，传染源从社会的每个角落进入学校，又从学校分散到每个家庭和社会上各个角落，所以说学校是传染病的集散场所。

3. 极易造成传染病的爆发和流行

传染源、传播途径和易感人群是传染病流行的基本条件，缺一不可。而流行的强度大小则取决于传染源的多少、易感者的密度、传播途径实现概率大小和病原微生物致病力的强弱。学校易感者密度高，传染源又容易进入学校；传染机制极易实现。所以学校极易造成传染病的爆发和流行。

4. 季节性

学校传染病的流行与社会上传染病流行一样，具有明显的季节性变化。冬、春季呼吸道传染病多发；夏、秋季则以肠道传染病为主。除此以外，学校传染病的发生还与学校寒暑假及开学有密切关系。

三、学校常见传染病预防

学校是学生日常学习生活聚集的场所，也是传染病易感人群集中的场所。由于学生接触密切，相对集中时间长，更易造成传染病的疫情发生，尤其是呼吸道和肠道传染病的流行。针对学校的特点，应采取积极有效的预防及控制措施。

1. 控制传染源

早期发现病人，早隔离、早治疗。在第一时间内做好疫情上报工作。学校一旦发生传染病，立即对患病学生进行隔离治疗。学校建立疫情跟踪制度，随时掌握学生情况。学生治愈后需持医院证明方可返校。患病学生班级及时进行消毒。任何一种传染病都有潜伏期、发病期、恢复期和治愈期。一般的传染病在潜伏期、发病期最强，所以对于学校传染病的控制方面，早期发现、早期隔离、早期治疗最关键。流感的潜伏期一般为1～2天，水痘的潜伏期一般为2～3周，腮腺炎的潜伏期为2～3周，甲型肝炎的潜伏期为15～50天，麻疹为6～21天。对于密切接触者要认真观察，如果出现症状马上进行隔离治疗，学校建立每日晨检、午检制度，加强疫情的上报工作。

2. 切断传播途径

（1）有传染病发生的学校在第一时间与当地疾控中心取得联系，在疾控中心的具体指导下采取相应的消毒及控制措施。

（2）学校加强日常的预防消毒工作，根据不同季节、不同流行病的特征做好日常消毒工作，有消毒制度，有专人负责，有消毒记录。

（3）加强学校保健医生业务知识培训，特别是预防传染病方面的知识培训。

（4）做好学生健康教育宣传工作，根据不同季节、不同传染病的流行特征对学生进行健康知识宣传。

3. 保护易感人群

（1）经常对学生进行健康教育知识宣传，积极进行体育锻炼，增强体质，提高身体抵抗力。

（2）遵守作息制度，劳逸结合，防止过度疲劳。

（3）加强营养，忌挑食和暴饮暴食。

（4）做好易感人群的疫苗接种工作。疫苗接种是预防传染病一种最有效的方法。疫苗可用来预防和杜绝传染病的发生，而不是在应急情况下作为补救措施的手段。

（5）对一些传染病可以用药物进行预防治疗。

学校是传染病最易爆发的场所，平时的预防和控制传染病的工作一定要认真做细，领导要给予重视，工作要有连续性、持久性，做到预防为主，做到学校传染病防好、控好，使学生在一个健康舒适的环境下学习成长。

第三节　禁止黄赌毒

一、“黄赌毒”是万恶之源

大学生一旦和“黄赌毒”沾上边，轻则违反校纪校规，重则触犯法律，对自己、对他人、对家庭、对社会都将造成严重的危害。

1. 荒废学业

大学生是祖国现代化建设的承担者，是现代科学知识的载体，他们带着金色的理想、学习成才的愿望跨进大学校园，使大学殿堂充满昂扬向上的朝气。而一旦有人被“黄赌毒”污染，理想和理智的防线就会崩溃，轻者不思进取、想入非非，终日心神不定、精神萎靡不振，课上不能认真听讲，课后不能及时温习功课；重者沉湎其中不能自拔，学业完全放弃，以至于在原始欲望的支配下坠入犯罪的深渊，成为社会发展的负面因子。

2. 污染社会和校园风气

黄赌毒不仅会大大污染大学校园风气，有时甚至还会危及社会。

3. 伤害身心

大学生正处于黄金年龄段，身体发育已趋于成熟，性意识已经觉醒，如果整日只知寻求欲望的满足，势必要大大消耗身体，极不利于健康成长；在得不到满足的情况下，又容易形成心理障碍或身心疾病。特别是性行为，还有可能染上性病和艾滋病，从而造成严重后果。此外，涉黄的录像厅、游戏机房，往往条件简陋、设备老化，多是违法操作，经营者只注重隐蔽性而忽视安全性。震惊全国的河南焦作“3•29”特大火灾，就有数名大学生是在录像厅中被烧死的。

赌博是多种疾病的导火索。经常去赌场者往往嗜赌成瘾，呈现出一种病态心理。一旦进入那种长时间保持精神高度集中的紧张状态，加上废寝忘食，极易导致心理和精神疾病，从而引起消化系统紊乱和腰肌劳损等。近年来，在报刊上常有嗜赌者赌博休克倒毙的事例。

毒品之所以被人们称为“幽灵”、“瘟疫”、“魔鬼”，是由于吸毒极易上瘾且戒断很难，久而久之，身体严重中毒便产生各种病态反映：烦躁不安、失眠、疲乏、精神不振、腹痛、腹泻、呕吐等。特别是有些吸毒者往往使用不洁净的针头、器具注射海洛因等毒品，为艾滋病的传播提供了通道。云南某大学学生戴某，结交了社会上不三不四的“朋友”，其中有的就在一起吸食和注射毒品。戴某起初因为好奇也学着吸毒，久而成瘾、用量越来越大，由于大家混用注射针又染上了性病。毒品在危害吸食者身体的同时，还对他们的精神造成极大伤害。吸食毒品使人逐渐懒惰无力，意志衰退、智力降低、记忆力减退，从而使工作和学业荒废，对自己、对家庭都会造成巨大损失。

4. 违反校纪

大学是生产知识、传播知识的场所。大学校园必须严拒“黄赌毒”。面对“黄赌毒”的侵害，校纪校规是无情的。参与赌博很容易上瘾，既浪费精力又花费时间，因而赌博者不可能遵守日常作息制度，违反校纪校规现象时有发生。有的因为“恋战”集体逃课、迟到或早退；有的则因为在赌博时输红了眼大打出手，演变成打架斗殴。某高校学生杨某出生于高级知识分子家庭，父母离异后随母亲生活，大二期间因身体不好休学1年。复学后，母亲为他申请到校外租房居住并亲自监护。杨某却置校纪校规和母亲的教诲于不顾，与社会不良青年打成一片，经常去舞厅、酒吧闲逛，交往了一些不三不四的“朋友”，最后发展到把一些舞女带回住处厮混。在临毕业前半个月，杨某终于被校方勒令退学，带着羞愧和后悔离开了大学。

5. 诱发犯罪

“黄赌毒”不仅对涉及者造成肉体和精神上的伤害，使他们陷于难以解脱的痛苦之中，而且还会诱发多种犯罪，从而在更大范围和程度上危害社会和国家。涉黄者需要黄资，好赌者需要赌资，吸毒者需要毒资，而大学生是消费者，大多需要依靠父母供给来维持学习和生活，如果大学生与黄赌毒沾上边，势必围绕上述犯罪又会引发出新的犯罪，例如：

盗窃罪——一些大学生因为赌博输了钱物，为了获取赌资就进行盗窃，凡赌博活动猖獗的地方均有此类案件发生。如北京市某高校一学生因赌输了钱，经常进行盗窃，赃款达8万余元。

抢劫罪——抢劫罪是因参赌而诱发的一种常见的犯罪，由于赌博输红了眼，常使这种抢劫又带有极端的凶残性。如某高校郭某赌博输了钱，便纠集同龄人将赌徒龚某的300元钱劫走，又将其致伤而死。

抢夺罪——某大学三年级学生张某，因为赌博输了钱，竟在光天化日之下从银行柜台抢夺现金6700余元。

杀人罪——某大学本科生夏某为了搞到购买海洛因的钱，与其弟拦路抢劫，杀死了过路的一位教师，抢走了教师身上的钱和自行车。此外，有的女大学生因毒瘾缠身被迫走上了卖淫的道路。

二、大学生如何抵制黄赌毒的危害

1. 黄色淫秽制品

黄色淫秽制品是指具体描绘性行为或者露骨宣扬色情的淫秽性的书刊、影片、录像带、录音带、图片及其他淫秽物品。

《中华人民共和国刑法》第三百六十四条规定："对传播淫秽的书刊、影片、音像、图片或者其他淫秽物品，情节严重的处二年以下有期徒刑、拘役或者管制。向不满十八周岁的未成年人传播淫秽物品的，从重处罚。""组织播放淫秽的电影、录像等音像制品的，处三年以下有期徒刑、拘役或管制，并处罚金；情节严重的，处三年以上十年以下有期徒刑，并处罚金。"

大学生要坚决抵制黄色淫秽制品并做到以下几点。

（1）大学生对黄色淫秽物品要坚决做到不看、不传，更不能走私、制作和贩卖。

（2）要洁身自爱，读好书、结好友，积极参加健康有益的文体娱乐活动。

（3）树立正确的人生观，培养高尚的道德情操，做"四有"新人。

2. 赌博

赌博是一种丑恶的社会现象，是利用赌具，以钱财作赌注，以占有他人利益和赢利为目的的违纪违法犯罪行为。大学生参与赌博有百害而无一利。

（1）经常赌博会荒废学业，违反校规校纪。赌博很容易上瘾，既花费精力又浪费时间，因而不可能遵守学校正常的作息时间，不可避免地要违反校纪。

（2）破坏同学关系，影响正常秩序。赌博是群体的违法犯罪活动，一旦参与赌博，赢了的不会满足，输了的总想"返本"（把输的捞回来），这样，长此以往无休止地继续下去，势必会影响同学关系，同学之间的互助、友爱之情往往会被利害关系所替代。

（3）容易走上违法犯罪的道路。根据有关部门统计资料表明，高校学生中因参与赌博被学校给予开除学籍、留校察看之事时有发生，而因赌博走上违法犯罪的现象屡见不鲜。

大学生欲抵制和拒绝参与赌博，必须做到以下五点。

（1）要自觉遵守校规校纪，养成良好的遵纪守法意识，违法往往从违纪开始。

（2）充分认识赌博的危害，自觉培养高尚的情操，积极参加健康有益的文体活动，充实自己的业余文化生活。

（3）要防微杜渐，分清娱乐和赌博的界限。很多赌博成瘾的人都是从“赢饭”、“赢水果”、“派夜宵”、“赢烟”、“带点刺激”、“不能空手玩”等开始的，久而久之，胆子壮了，胃口也大了，从而陷入赌博的泥潭。

（4）思想上要警惕，不要因为顾及朋友、同学的情面而参与赌博，遇到他人相邀，要设法推脱。

（5）要从根本上关心和爱护同学出发，及时制止他人参与赌博，必要时要向老师和学校有关部门报告。

3. 毒品

是指鸦片、海洛因、吗啡、大麻、可卡因、冰毒以及国家规定管制的其他能够使人成瘾癖的麻醉药品和精神药品。吸食（包括注射）毒品或欺骗、容留、强迫他人吸食毒品，以及非法从事制毒、贩毒已成为社会公害，每个大学生都不可染指，要充分认识其危害。毒品会带来如下危害。

（1）吸食毒品会严重危害人体健康。吸食毒品成瘾后会产生强烈的病态反应，如：烦躁不安、失眠、疲乏、精神不振、腹痛、腹泻、呕吐、性欲减退或丧失。人体内的毒品达到一定剂量后会造成惊厥，乃至神经系统抑制，引起呼吸衰竭而死亡。静脉注射毒品又是传染肝炎、肺炎、性病及艾滋病等的重要途径。

（2）摧残意志和精神，荒废学业。吸食毒品使人逐渐懒惰无力，意志衰退，智力和主动性降低，记忆力减退，致使学业荒废。

（3）吸毒是诱发犯罪的重要原因。吸毒耗资巨大，诱发吸毒者为解决毒资铤而走险，走上了盗窃、抢劫、诈骗、杀人、贪污、受

赌、卖淫等犯罪道路。

大学生应警惕和预防毒品的侵袭。

（1）充分认识毒品违法犯罪活动的危害性，加强自身学习和法律意识修养，培养高尚的情操和伦理道德观念。

（2）积极参加有益健康的文体活动，增强集体观念，培养广泛的兴趣和爱好，避免孤僻。

（3）提高对毒品的防御能力，不要结交有吸毒恶习的朋友或听信他们的谗言。

（4）不可因好奇而尝试毒品，防止上瘾而难于自拔。

（5）一旦沾染毒品，要积极主动向老师和学校报告，自觉接受学校、家庭及社会有关部门的监督戒除及康复治疗。

第四节　日常用药安全

一、正确认识药品的不良反应

“是药三分毒”这是一句耳熟能详的话，大家也都了解药品都存在副作用，许多药物都会产生不良反应。大多数人都有过服药后发生药物不良反应的经历。据世界卫生组织调查：在发展中国家，有1/3的病人死亡的原因不是疾病本身，而是因为不合理用药。在全国范围内开展的“百姓安全用药”调查显示，我国每年5000多万住院病人中，至少有250万人与药物不良反应有关，引起死亡约达19万人之多，平均每天死亡约520人。但是，大家对药物的不良反应是否都有一个正确的认识呢？

1. 不良反应如何产生

首先，药物本身的原因。一个较大的原因是药理的反应，由于药物的药理作用，药物在服用一段时间后，可导致一些不良反应。例如，长期大量使用糖皮质激素能使毛细血管变性出血，以致皮肤、黏膜出现瘀点、瘀斑。同时药物受到污染也会导致不良反应，如药物暴露在空气中，导致细菌的入侵，药效挥发掉。

其次，在药物生产过程中的原因。如同一组成的药物，生产厂家不同，制剂技术的差别、杂质的除去率不同，都会影响其不良反应的发生率。

再次，使用者自身的问题。一是有些患者缺少药物使用常识，随意加大药量，或同时使用两种药物，或者使用药物期间乱吃其他食物等都会导致不良反应；二是使用者体质不同，如种族的不同，性别的不同，营养状态的不同，都会导致药物不良反应。

2. 正确认识药物的不良反应

第一，国家批准的合格药品也会出现不良反应。因为药品本身就存在不良反应，在研究过程中，药物的这些不良反应会出现在临床试验的动物身上，因为动物跟人是有种属差异的，因此在动物身上能发现的不良反应在人身上不一定能发现，而在人身上发现的不良反应在动物身上很难被发现，因此就存在一个不良反应出现偏差的问题。同时在人身上的临床试验，也会因为试验人的体质、地域差别等而存在一定的差异，这种差异就有可能导致药品不良反应的发生。

第二，中药也会出现不良反应。中药存在历史长，而且药疗效显著，多数人盲目信任中药，认为中药是“十全十美”的。其实不然，中药也会出现不良反应。如可去火的中药龙胆泻肝丸，其成分含有马兜铃，多吃会引起急性肾衰、慢性肾衰、肾小管酸中毒等，北京市一份关于药物不良反应的调查中发现，在致病药物中，中药仅次于抗生素和解热镇痛药。因此我们必须改变中药安全无毒的旧观念。

第三，出现不良反应并不等于假冒伪劣。大多数假冒伪劣产品都会出现不良反应，但并不等同于出现不良反应的就都是假冒伪劣产品。所以医生提醒，如果在服药后，特别是服用了新上市的药品后发现原有的症状加重，或是出现了原来没有的症状，要想到服用该药是否出现了不良反应。

二、药品不良反应的预防

临床上药品不良反应的症状可以种种形式出现，但经大量研究表明，药品不良反应的产生是有规律性的，即由该药固有药理作用所致，可预测，常与剂量有关的A型反应（由药物的药理作用增强所致）和与固有药理作用完全无关的、难以预测的B型反应（与正常药理作用完全无关的一种异常反应），根据不同类型的不良反应可以采取相应的预防和治疗措施。

第一，要注意药品的禁忌征，包括生理性及病理性因素，如过敏体质和特异质反应都属B型反应，难预测。因此，对该类药品可致敏的过敏体质患者，应禁用；遗传因素的特异质反应如G6PD缺乏者亦应禁用某些止痛退热药和磺胺药等。某些疾病状态下禁用药物亦属禁忌征范围，如高血压患者不能用拟交感胺类药如肾上腺素、麻黄碱等以防血压骤升。在说明书中属禁忌征范围的患者一律不得选用该药。

第二，针对药品可能产生不良反应的原因做好预防措施。这些反应多属A型。原因比较清楚，可预测，其预防措施包括：

（1）改换药品剂型，例如阿司匹林对胃肠刺激性大改用肠溶制剂可减轻；硝苯地平产生面红，心跳加快改用缓释剂后血药浓度可避免一时性的过高而使反应减轻或消失。

（2）改善服用方法：例如对有胃肠反应的药物宜饭后服，有嗜睡不良反应药物宜睡前服等。

（3）联合用药减少药品不良反应，例如异烟肼与Vit B6合用可减少周围神经炎的发生。

（4）定期检查有关的指标，对于长期用药导致的不良反应，应根据药品常可出现毒性的时间进行必要的检查，例如应用氯霉素检查外周血白细胞数，预防白细胞减少；用氨基糖苷类抗生素检查肾功能（血清肌酐值）预防肾损害等，这样能尽早发现不良反应，及时防止不良反应的加重。

当然，积极的预防措施不能绝对保证药品不良反应的发生。那么，发生不良反应时该怎么办？药品不良反应的严重程度是按三级来划分的。轻度的不良反应是指病人可忍受，不影响治疗过程的身体不适，例如胃肠道不适、口干等，这些不良反应常可在连续服用后减轻或消失，所以如果该药疗效确切，患者可以坚持服用，如果这些不适使病人难以忍受，或属过敏反应，或者怀疑对重要脏器有影响，例如黄疸、血尿、心律失常等，可能是中度或严重不良反应，就应马上停药并立刻找医生诊治，不要自行处理以免耽误治疗。

三、如何识别变质药物和有效期

药物储存不当或过了有效期会变质，服用变质药物危害身体健康，因此要学会识别药物的变质信号。

1. 药物变质信号

（1）胶囊剂有软化、碎裂或表面发生粘连现象。

（2）丸剂有变形、变色、发霉或臭味。

（3）药片有花斑、发黄、发霉、松散或出现结晶。

（4）糖衣片表面已褪色露底，出现花斑或黑色，或者崩裂、粘连或发霉。

（5）冲剂已受潮、结块或溶化、变硬、发霉。

（6）药粉已吸潮，发酵变臭，药膏已出现油水分层或有异臭。

（7）内服药水尤其是糖浆剂，不论颜色深浅，都要求澄清，如果出现絮状物、沉淀物，甚至发霉变色，或产生气体则表明已经变质。

（8）眼药水除了极少数为混悬液以外，一般都要求澄清，而且不得有一点纤维，也不能有混浊、沉淀、变色等。

（9）注射液不允许有变色、混浊、沉淀或结晶析出等。

2. 进口药物有效期怎么看

进口药物、营养品和保健品上面没有中文标识如何识别？专家提醒，外包装上的药品有效期由三个英文字母缩写“EXP”表示，后面紧随的就是药品的有效期。所以患者拿回进口药物应在第一时间核对“EXP”，相应的药物储存方法则可以查询网络上的药品中文说明书。

四、日常服药注意事项

1.“慎用、忌用、禁用”的区别

“慎用、忌用、禁用”主要是从产生后果的严重程度上进行的区分。

（1）“慎用”是指药品用于人体后可能会引起不良反应，应谨慎使用，但不等于不可使用。使用后应留心观察，如出现不良反应应立即停用。老人、孕妇、儿童及肝肾功能不良者使用此类药物时就应当特别谨慎。

（2）“忌用”即避免使用。有些药品的不良反应比较明确，不适宜服用的人用后发生不良后果的可能性较大。若病情急需，应选择药理作用相类似、不良反应较小的药品代替，也可合并其他药来对抗副作用。如磺胺类药物对肾脏有损害作用，肾功能不良者忌用；异烟肼对肝细胞有损伤作用，肝功能不良者应当忌用。

（3）“禁用”即绝对禁止使用。如果使用就会出现严重不良反应。如青霉素过敏者绝对禁止使用该类药物。胃溃疡病人禁用阿司匹林，否则可能造成胃出血。

2. 药物能否混搭

家庭的小药箱里，往往都有很多治疗感冒、胃疼或腹泻等常见病的药物。但是这些药物同时服用时，可能会因为其化学性质、作用机理的不同造成药效下降、副作用增加，严重时甚至危及生命。以感冒为例，药店里所能买到的治疗药物多达几十种，其中多含有对乙酰氨基酚、伪麻黄碱等成分，如果同时服用多种感冒药，则会导致药物过量，长期过量甚至可能导致肝损伤。腹泻的常用药物——微生态制剂（整肠生、金双歧、妈咪爱、培菲康等）与抗生素合用时，注意应间隔两小时，避免药效丧失。

在日常生活中，我们可能会同时患有两种或两种以上疾病，需要服用多种药物，这个时候需要咨询医生或者药师，避免药物相互作用带来的危害。例如抗过敏药（特非那定、阿司咪唑），与咪唑类抗真菌药（酮康唑、伊曲康唑）、大环内酯类抗生素（红霉素、克拉霉素）并用后会发生严重的不良反应。

3. 药物能否掰开或掰碎

片剂最常见的有普通片、包衣片、缓释片和控释片等几类。普通片一般可以掰开或掰碎服用，并不影响药效。包衣片主要是一些口味较苦、异味较大或是需要在特定的环境下如肠道中溶解的药物，如果掰开服用，会使药片刚进胃部就被溶解，无法安全抵达肠道。这不仅会影响药物正常发挥药效，还会刺激胃黏膜，所以不能掰开服用。缓释片和控释片通常含有的药量是普通片的几倍，如果掰开服用会造成药物迅速释放，体内药物浓度骤然上升，从而引起药物中毒。

4. 加倍剂量服药或缩短服药间隔的危害

加倍剂量服药，或缩短服药间隔，人为造成用药剂量过大，容易造成肝、肾受损。大多数药物都需要在肝肾代谢排泄。如果某种药使用时间过长、剂量过大，有导致肝肾损害的可能。还有一些安全剂量范围窄、毒副作用强的药物，如地高辛、苯妥英钠、氨茶碱等，加倍剂量服用，可导致严重的药物中毒，危及生命。如果降压药物和降糖药物加倍服用，就会导致可能威胁生命的低血压和低血糖。

5. 服用一般药物的饮水量

要根据服用药物的性质和剂型特点来调整饮水量。一般服药时饮水量应以足够将药物咽下为宜。一般片剂150 ～ 200ml水即可，胶囊则喝水量大一些，因其易附着在食道上。有一些药物服用时，要少喝水甚至不喝水。如硝酸甘油舌下片，含服时间要控制在5分钟左右，含后30分钟不宜吃东西喝水，以免影响药物吸收。服用止咳糖浆时如果喝水，将冲淡咽部的糖浆，影响止咳效果。麦滋林等保护胃黏膜的药物，因需要在胃部形成保护层，不要喝水过多，影响药物作用。而服用磺胺类药物需要大量喝水，因为易在尿中形成结晶引起刺痛。还有一些情况是根据病情来定的，如腹泻时服用口服补液盐、发烧时服用退烧药需要多喝一些水，则是因为腹泻需要补充体内水分，退烧出汗会丧失水分。总体来讲，人在服用药物时，每日的饮水量应多一些，目的是防止药物性肾损伤。

6. 服药用什么水

服药用温开水送服最好。有些人喜欢用茶水、果汁、汽水、牛奶等，可能会造成药效下降、丧失甚至药物中毒。茶水中含有大量鞣酸，会与多种抗生素、生物碱反应，使其丧失药效。酸性的果汁、汽水会降低碱性药物的药效。牛奶中所含的钙能增加强心药地高辛的毒性。

7. 适宜的服药时间和间隔

采用正确服药时间和间隔，是为了保证药物的疗效，减少或规避药物不良反应。科学的服药间隔是将1天的24小时除以服药次数，例如每日3次，应该每隔8小时服药1次；每日2次即为每隔12小时服药1次。如果每日3次采用了早、中、晚的服用方法，即在用餐时间服用，就会使药物的吸收过程主要在白天完成，白天的药物浓度较高，不良反应也就随之增加；而夜间药物浓度会过低，会影响疗效。但是降糖药的服用是例外，血糖的高低与进食有关，降糖药服用时需要按照进餐时间进行。

在掌握好服药间隔的基础上，还应该根据所患疾病及所用药物情况，合理调整服药时间。以激素类药物为例，人体肾上腺皮质激素的分泌高峰在上午7～10时左右，故采用早晨1次服药为宜，可减少对机体内源性皮质激素分泌的抑制。服用补钙药（如钙尔奇D、碳酸钙）宜在临睡前，因人体的血钙水平在午夜至清晨最低。

8. 餐后、餐前服用的药品

要根据药物的性质制订服用时间。以糖尿病药物为例，格列齐特、格列吡嗪、格列喹酮等磺脲类降糖药，必须在饭前30分钟服用；阿卡波糖（拜唐苹）则需要与第一口饭同时服用；二甲双胍由于对胃有刺激，故需要在饭后服用。胃黏膜保护剂（如氢氧化铝）为了形成保护膜，促胃动力药（如吗丁啉）为了发挥其药效，抗生素（如阿莫西林、头孢拉定）为了避免进食对药物吸收的影响，均需要在饭前服用。阿司匹林等非甾体抗炎药由于对胃有刺激，需要在饭后服用。

第五节 饮食安全

一、养成良好的饮食习惯

1. 注意规律饮食

进食要有规律性，定时定量，少吃零食，早、中、晚三餐进食时间尽量固定，临考前应选择热量高、营养丰富和易消化的食物。三餐有别，早吃好，午吃饱，晚适量。早餐以低糖、低脂肪、高蛋白为佳。因为午餐食用鸡或鱼等高蛋白可有效补充酪氨酸和胆碱，酪氨酸可通过血脑屏障，在大脑中转化为使头脑清醒的化学物质；胆碱是脑神经递质乙酰胆碱的化学前体，对增强记忆起主要作用。晚餐以高碳水化合物为佳。定时定量吃饭，能使胃肠道有规律地蠕动和休息，从而增加食物的消化吸收率，使胃肠道的功能保持良好状态，减少胃肠疾病。

2. 注意饮食结构的合理性

不要偏食、挑食，食物要多样化，注意合理营养与平衡膳食。防止营养素摄入不足，有时各种不同的食物还有互相促进消化吸收及利用的效果。吃得太少营养素不足，会使体重减轻、消瘦、耐力下降，对疾病的抵抗力降低，严重者可导致贫血、血糖过低、营养不良和维生素缺乏症。相反，如摄入营养过多，不仅造成食物浪费，而且给机体加重负担，同时可以引起肥胖、高脂血症、糖尿病等，因此饮食要适量，不宜过多。应细嚼慢咽，饭前少喝点汤可刺激食欲，有助于进食和消化。进餐温度要适宜，少喝冷饮，食物温度以20～45℃为宜，如果超过60℃，食管壁和口腔黏膜就会被烫伤，在致癌物质的诱导下引起食管癌变。吃过量的冷饮、冷食，会使胃部血管收缩，减少血液供应而使消化不良及胃肠功能紊乱，出现腹痛、腹泻等。不饮酒，不吃霉烂变质食物。

3. 注意饮食卫生

饭前、饭后要洗手，不吃过期变质有异味的食品，不买“三无”产品（无生产厂家、无商标、无出厂日期的食品），不随便吃不认识的野菇、野果、野菜等；不喝生水。外出就餐时，切勿光顾流动小贩，要选择卫生条件好的、证照齐全的摊店，必要时，要求业主出示从业人员的健康证；同时，要多留个心眼，看看上述证件是否有效；选购食品时，不买三无产品，仔细查看，是否在保质期内；特别是在购买熟食时，留意有无防蝇设施；要注意饮水卫生，不用未经检测、消毒的井水烧煮食物，不饮用生水；讲究个人卫生，坚持“勤洗手、喝开水、吃熟食”；若有腹泻和呕吐等肠胃不适，应及时到正规医疗机构就医。

4. 其他注意事项

进餐时要专心。边吃饭边看书，进餐时听广播，看电视成了常事，造成了声、光、景、情，一起刺激大脑神经，引起感情急剧变化，精力分散，势必食欲减退，消化不良，久而久之，消化功能减退，引起胃肠道疾患。如果进食时心境平和，思想专一，吃起来对食物的色、香、味、形的明显感受会增加食欲，消化液分泌和胃肠蠕动都会随之增强。其次，吃饭时情绪好，食欲增强，血液循环良好，胃肠的消化功能强，免疫力增强。如在吃饭时情绪压抑和郁闷，则会影响食欲，影响血液的正常循环，降低整个消化系统的功能，降低人的免疫力。

二、引起食物中毒的原因

食物中毒是指食用了不利于人体健康的物品而导致的急性中毒性疾病，通常都是在不知情的情况下发生食物中毒。食物中毒是由于进食被细菌及其毒素污染的食物，或摄食含有毒素的动植物等引起的急性中毒性疾病。变质食品、污染水源是主要传染源，手脏、不洁的餐具和带菌苍蝇是主要传播途径。食物中毒的原因很多。主要可以分为以下几类。

1. 细菌性食物中毒

是指人们摄入含有细菌或细菌毒素的食品而引起的食物中毒。引起食物中毒的原因有很多，其中最主要、最常见的原因就是食物被细菌污染。据统计，细菌性食物中毒占食物中毒总数的50%

左右，而动物性食品是引起细菌性食物中毒的主要食品，其中肉类及熟肉制品居首位，其次是变质禽肉、病死畜肉以及鱼、奶、剩饭等。

并不是吃了细菌污染的食物就马上会发生食物中毒，细菌污染了食物并在食物上大量繁殖达到可致病的数量或繁殖产生致病的毒素，才会发生食物中毒。因此，发生食物中毒的另一主要原因就是储存方式不当或在较高温度下存放较长时间。食品中的水分及营养条件使致病菌大量繁殖，食物中毒的一个重要原因为食前未充分加热，未充分煮熟。

2. 真菌毒素中毒

真菌在谷物或其他食品中生长繁殖产生有毒的代谢产物，人和动物食入这种毒性物质发生的中毒，称为真菌性食物中毒。中毒发生主要通过被真菌污染的食品，用一般的烹调方法加热处理不能破坏食品中的真菌毒素。真菌生长繁殖及产生毒素需要一定的温度和湿度，因此中毒往往有比较明显的季节性和地区性。

3. 动物性食物中毒

食入动物性中毒食品引起的食物中毒即为动物性食物中毒。动物性中毒食品主要有两种：一种是将天然含有有毒成分的动物或动物的某一部分当做食品，误食引起中毒反应；另一种是在一定条件下产生大量有毒成分的可食动物性食品，如食用鲐鱼等引起中毒。

近年，我国发生的动物性食物中毒主要是河豚中毒。

4. 植物性食物中毒

（1）将天然含有有毒成分的植物或其加工制品当成食品，如桐油、大麻油等引起的食物中毒。

（2）在食品的加工过程中，将未能破坏或除去有毒成分的植物当做食品食用，如木薯、苦杏仁等。

（3）在一定条件下，不当食用大量有毒成分的植物性食品，如食用鲜黄花菜、发芽马铃薯、未腌制好的咸菜或未烧熟的扁豆等造成中毒。一般因误食有毒植物或有毒的植物种子，或烹调加工方法不当，没有把植物中的有毒物质去掉而引起。最常见的植物性食物中毒为菜豆中毒、毒蘑菇中毒、木薯中毒；可引起死亡的有毒蘑菇、马铃薯、曼陀罗、银杏、苦杏仁、桐油等。植物性中毒多数没有特效疗法，对一些能引起死亡的严重中毒，应尽早排除毒物。

5. 化学性食物中毒

（1）误食被有毒害的化学物质污染的食品。

（2）添加非食品级的、或伪造的、或禁止使用的食品添加剂、营养强化剂的食品，以及超量使用食品添加剂。

（3）因储藏等原因，造成营养素发生化学变化的食品，如油脂酸败造成中毒。食入化学性中毒食品引起的食物中毒即为化学性食物中毒。化学性食物中毒发病特点是：发病与进食时间、食用量有关。一般进食后不久发病，常有群体性，病人有相同的临床表现。剩余食品、呕吐物、血和尿等样品中可测出有关化学毒物。在处理化学性食物中毒时应突出一个“快”字！及时处理不但对挽救病人生命十分重要，同时对控制事态发展。

三、食物中毒的症状

从健康饮食的角度考虑，如果出现食物中毒，不仅会影响健康，更严重时，还会危害到生命安全。所以，了解一些食物中毒症状对于急救有帮助。

（1）当你是因为副溶血性弧菌食物中毒的时候，会出现突发高热，伴有呕吐、腹痛、腹泻。这是典型的食物中毒症状，一定要及时去医院检查。

（2）当出现葡萄球菌肠毒素食物中毒时，会出现腹痛、呕吐、恶心。如果呕吐情况特别严重，很可能是因为吃了被细菌污染的肉制品、剩饭、奶制品等。

（3）肉毒梭菌毒素中毒也叫肉毒中毒，这种情况是比较严重的。它的表现症状有很多，比如头痛、头晕、呕吐、恶心。具体的表现有眼睑下垂、视力模糊、睁眼困难、吞咽困难、声音嘶哑。严重时，会造成病人死亡。这种情况主要是因为吃了被细菌感染的咸鱼、肉罐头、臭豆腐、豆酱、面酱引起的。

食物中毒，不是一件小事，一定要及时去医院检查和治疗，不要耽误了病情，以免出现更严重的伤害。了解一些饮食禁忌，不要吃剩饭，要注意饮食的健康和卫生，才能从根上解决。

四、怎样预防食物中毒

（1）保持厨房环境和餐具清洁卫生。

（2）选择新鲜、安全的食品和食品原料。切勿购买和食用腐败变质、过期和来源不明的食品，切勿食用发芽马铃薯、野生蘑菇、河豚等含有或可能含有有毒有害物质的原料加工制作的食品。

（3）蔬菜按一洗、二浸、三烫、四炒的顺序操作处理。

（4）肉及家禽在冷冻之前按食用量分切，烹调前充分解冻。

（5）彻底加热食品，特别是肉、奶、蛋及其制品，四季豆、豆浆等应烧熟、煮透。

（6）烹调后的食品应在2小时内食用。

（7）妥善储存食品。食品储存在密封容器内，生、熟食品分开存放，新鲜食物和剩余食物不要混放。

（8）经冷藏保存的熟食和剩余食品及外购的熟肉制品食用前应彻底加热。食物中心温度须达到70℃，并至少保持2分钟。

（9）不光顾无证无照的流动摊位和卫生条件差的饮食店。

（10）养成良好的个人卫生习惯。勤洗手、不吃生食、不喝生水。

五、食物中毒的处理

食物中毒的情况时有发生，如果不知道食物中毒怎么办的话，就会延误最佳治疗时间。

1. 补充液体

出现食物中毒时，一定要特别注意补充液体，尤其是凉开水或其他透明的液体。食物中毒时上吐下泻会导致体内水分的大量流失，与此同时电解质，如钾、钠及葡萄糖等也会大量流失。这个时候止泻并不是重点，适量的腹泻可以让体内毒素排出。如果不注意及时补充液体的话就会威胁病人的生命。应该大量饮用清水，促进致病菌及其产生的毒素排除，减轻中毒症状。

2. 解紊剂

食物中毒最为常见的症状便是腹痛，这个时候可以适量服用一些解紊剂，比如颠茄合剂或颠茄片等。服用之后如果没有缓解的迹象，甚至还出现失水明显、四肢寒冷、腹痛腹泻加重、极度衰竭、面色苍白、大汗、意识模糊、说胡话或抽搐等情况，应该立即送往医院进行治疗，否则会威胁到生命安全。

3. 腹泻

出现食物中毒的情况，呕吐以及腹泻是最常见的，这两种情况是身体自我救治的反应。呕吐与腹泻是肌体防御功能起作用的一种表现，它可排除一定数量的致病菌释放的肠毒素，因此在出现这些情况时不要立即用止泻药。特别对有高热、毒血症及黏液脓血便的病人应避免使用，以免加重中毒症状。

4. 导泻

在食物中毒后导泻也是一种自我救治的方法，并不是所有人在食物中毒后都会出现腹泻。如果病人进食受污染的食物时间已超过2～3小时，但精神仍较好的话可以通过服用泻药来促使受污染的食物尽快排出体外。

第八章 校园稳定和校园安全

高校“安全工作无小事”，校园治安秩序的稳定与安全，不仅关系到师生的切身利益，也关系到高校自身的建设与发展，更关系着整个社会的和谐与稳定。当前，维护校园稳定安全工作已成为高校的一项常态化工作。那么，如何在推进高校改革发展的过程中巩固高校的稳定局面，是新形势下高校校园稳定安全工作面临的一个新课题。

第一节 维护校园的和谐稳定

一、做一个遵纪守法的大学生

遵纪守法，是每个公民的神圣的职责，我们每一个在校大学生都应做遵纪守法的模范。作为当代大学生，应该懂得一个健康、文明、法制的社会提倡什么、反对什么，哪些事情应该做、哪些事情不应该做，如何正确去做，更需要自觉遵守道德规范，提高遵纪守法意识，勤奋学习，自觉维护校园和社会的稳定，创建平安和谐校园。“以遵纪守法为荣、以违法乱纪为耻”是胡锦涛同志提出的“八荣八耻”的重要内容之一。因此，我们应该谨记做一名遵纪守法，合格文明的大学生。

1. 遵纪守法是构建和谐社会的必然要求

从国家法律法规角度来讲，遵纪守法是指全体社会公民一切活动都必须以国家法律为依据，在法律允许的范围内进行。现代社会是法治社会，只有人人遵守法纪，凡事依法进行，社会才能安定和谐。倘若没有纪律的规范、法度的控制，各项秩序就无从保证，人们生存、发展的环境就无从存在，社会文明进步也就无从实现。因此，遵纪守法是构建和谐社会的本质要求。国无法不治，作为我们这样一个社会主义的发展中大国，遵纪守法成为社会主义和谐社会思想道德建设和法制建设的基本要求，构建社会主义和谐社会的基本前提，体现社会主义和谐社会的本质要求和价值追求，因此，遵纪守法是每个公民的基本准则，是每个公民的基本道德底线。每个公民只有懂得遵纪守法的重要性、必要性，自觉做到明纪、知法、守法、用法，构建社会主义和谐社会的目标才能顺利实现。“遵纪守法”作为大学生思想道德修养的重要内容，是大学生个人对国家道德责任的“底线”。

2. 遵纪守法是创建平安校园的迫切需要

“平安校园”建设，是新形势下高校加强校园治安综合治理的新举措，是学校管理与建设的重要内容。平安校园也是构建和谐社会不可分割的一部分。校园是探索者的求知天堂，但却不是沙漠中安定的绿洲。校园是整个社会大环境中的一部分，始终与外部环境相互影响，校园的平安稳定是反映社会和谐的缩影。但校园“安全”问题却常常被师生员工忽略，尤其是大学生在张扬个性的追求中忘记了“人身安全”的本性需求。违章用电、校园飙车、打架斗殴、逞强酗酒甚至是违法盗窃等大量违法违纪，成为校园内部不安全因素，存在、发生于本应负有维护校园平安义务的部分青年学生身上。这无论是从国家层面的价值目标，还是从社会层面的价值取向，甚至是从公民个人层面的价值准则上都是与大学生践行社会主义核心价值观相违背的。“平安校园”建设需要我们从“要我安全”向“我要安全、我做安全”目标转变。

3. 遵纪守法是营建自我情操的本性归宿

一个国家、一个民族的希望在于青年；在当今社会，更准确地说，是在于大学生。大学生是国家、社会的高素质人才，将担当社会重任，他们以身作则，遵纪守法，维护法律的尊严，必将产生一个良好的社会效应，是建设中国特色社会主义和谐社会的基石。但遵纪守法不单单是一个法律范畴，更是一个道德范畴、伦理范畴。作为大学生，只有从法律规范问题提升到道德修养问题，才能产生自觉遵纪守法意识，才能转化、营建出高尚情操，才能摆脱法律制度层面的束缚，转变为发自内心的自由行为。马克思讲过，“法典是人民自由的圣经”，莎士比亚说：“纪律是达到一切雄图的阶梯”。每一个大学生都是为心中的梦想而来，就应该时刻不忘记纪律这一“阶梯”，做遵守纪律的模范，养成遵守纪律的习惯：一是时刻注意培养自己遵守纪律的自觉性；二是将遵守纪律的道德观念落在行动上；三是要从日常生活中的小事做起。

二、自觉维护校园和谐稳定

大学生是高校的主体，也是维护校园稳定、安全、和谐的主体。没有大学生主体作用的充分发挥，就不可实现校园的和谐稳定。在维护校园的和谐稳定上，更需要大学生主体作用的自觉性。

1. 躬身践行，努力维护校园稳定

稳定是构建和谐校园的前提条件。稳定压倒一切，没有稳定的校园，就谈不上校园和谐。在当前及今后一段时期，高校尤其是高职院校在改革发展中将面临自身诸多问题和矛盾；同时，面临着外来思想文化的涌入、正在转型的社会环境、飞速发展的信息技术等。如金钱万能导致人们对金钱的追逐，坑蒙拐骗导致人们诚信的缺失，利欲熏心导致人情的冷漠等都会给大学生带来心理的冲击；网络化、信息化、全球化带来的多元化影响，对大学生的健康成长也带来严峻挑战，致使有些青年学生是非难辨，善恶难定，美丑难分；法纪观念和传统的核心价值也被西方自由化冲淡。作为大学生，要明辨是非，要顾全大局，坚定理智地践行社会主义核心价值观，自觉维护国家安定团结和社会、校园的稳定。

2. 严于律己，维护校园良好秩序

规范、纪律和管理制度是校园安全、和谐、稳定的基本保障，

也是构建和谐校园的必要条件。一个无视规范、漠视纪律、缺少制度而管理混乱的校园不能保持稳定，更谈不上和谐。在一定意义上，和谐校园就是依法治校。只有依法治校，才能维护良好的校园秩序，保证校园的安定有序，师生的切身利益才能得到最大的保障。因此，建构和谐校园，需要每一位大学生严于律己、遵纪守法，做文明合格公民的模范，去影响周围的每一个人，传递正能量。坚决和一切违法乱纪的行为作斗争，积极维护法纪的尊严，维护法纪的权威。

3. 注重公德，树立社会主义道德

公德，即公共道德。加强公德意识的养成是当代大学生的基本修养，也是当代中国文明社会的基本要求。道德，是人们共同生活的行为准则和行为规范，是人们精神境界的外部反映。道德有文化差异性，不同的文化有不同的道德标准。道德通过社会舆论对社会生活引导，影响个人言行。社会主义道德是当代中国文明社会的核心道德。一个和谐文明的社会必然是追逐道德高尚、明理诚信、团结友爱、文明向上的社会。大学生要坚持把个人行为与社会进步相结合，与时俱进，积极践行社会公德，使其融入社会主义道德要求中，牢固树立社会主义核心价值观。正如习近平总书记在北京大学师生座谈会上说的，“核心价值观，其实就是一种德，既是个人的德，也是一种大德，是国家的德、社会的德。国无德不兴，人无德不立。”

4. 爱国爱校，弘扬集体主义

集体主义精神是社会主义社会所倡导的精神，要求人们一切从集体出发，把集体利益放在个人利益之上。集体主义和极端个人主义是相对立的。极端个人主义是一切从个人出发，把个人利益放在集体利益之上，只顾自己，不管别人。个人主义思想极端者很难融入集体、融入社会，很难与别人相处和合作，也就形成不了和谐状态。大学生要大力提倡集体主义精神，做事情、想问题，首先要从整体、集体角度考虑，多想想别人，不要只为自己打算，使自己和别人、集体融洽相处，达到人际关系的和谐。

5. 互助友善，乐于助人

互助友善，乐于助人，是中华民族的优良传统和美德。孟子曾说："生，我所欲也，义，亦我所欲也，二者不可得兼，舍生而取义者也。"义，就是正义，简单地说就是做好事。而和谐校园的建设更需要大学生们互助互爱，团结协作，融洽相处；在别人遇到困难、挫折或者需要帮助的时候，能够支持别人、鼓励别人、帮助别人。大学生这种为他人排忧解难的行为，就是帮助别人、乐于助人的实践，也是在为构建和谐稳定的校园贡献力量。

三、大学生如何应对不利于学校稳定的事件

社会稳定是国家发展的前提条件之一，也是办好学校的前提条件之一。珍惜来之不易的学习机会，自觉维护学校稳定，是当代大学生义不容辞的责任。当有人邀你做有防害学校稳定的事时，应当自觉进行抵制。

（1）正确判别该事件的是非曲直。如果你的同学、朋友，是一位挚友的话，不妨直接向他指出，尽管他一时可能听不进去，甚至伤了和气，但将来他想通了还会感谢你，至少你作为他的朋友、同学问心无愧。

（2）遇事要头脑冷静、理智地思考，帮助邀约你的同学或朋友权衡利弊，提出忠告。一方面要劝阻其不要有过火举动，另一方面帮助他们出主意、想办法，通过正常渠道和途径解决问题。

（3）为了避免矛盾激化，应主动向学校各级组织反映情况。在想要采取过火举动的同学情绪激动、劝阻无效、有可能发生对学校稳定和同学个人前途不利的情况时，你绝对不可犹豫，要当机立断，及早向组织反映情况。由组织出面做工作要比个人的力量大得多。

（4）如果发现有极少数别有用心的人进行恶意煽动、闹事，破坏学校稳定，要敢于与之斗争。别有用心的人窜入校园，张贴标语传单、进行反动宣传、散布谣言、煽动闹事等破坏活动，广大同学，尤其是党员、团员和学生干部，遇到这类情况不仅要及时向学

校报告，反映情况，提供线索，而且要敢于同搞违法犯罪活动的人作正面斗争。

第二节　实验室安全

高校实验室是实现科研创新的重要基地，是新形势下培养高素质、高技能人才，服务社会经济发展的重要场所。为更好履行高校实验室所承载的使命，实验室安全应放在首位。因此，学生进入实验室的第一堂课应该是“安全教育课”。实验教学过程中有可能存在或发生火灾、触电、爆炸、灼伤等安全隐患或事故，给师生员工人身安全和学校财产带来损失，所以要做好各种防护工作，营造安全的实验教学环境。

一、防火灾

火灾对实验室构成的威胁最为严重，最为直接。

首先，严格管控好实验室内引起火灾的因素，即管控好可燃物、助燃物、点火源。对于可燃物建立隔离带，使之避免与火源接触；减少可燃物存放量，以减少火灾荷载和火灾时的损失。对于助燃物也要采取封闭、隔离的措施，避免与可燃物接触；对于着火源，即明火、电火及静电等进行严格的控制和管理，积极采取人防、联防和技防措施，严防火源失控而起发火灾。

其次，建立健全实验室安全制度，做好安全防火措施。

（1）结合本校实验室的实际情况，建立健全安全管理规章制度。如《实验室安全防火工作条例》、《实验室易燃易爆危险品使用、存储管理办法》、《实验室安全用电管理制度》以及《大型精密贵重仪器设备操作，维护安全管理办法》等。还要对遵守和违反规章制度者实行严格的奖惩制度，以保证规章制度的贯彻实施。同时，必须加强对实验室安全工作的检查和监督。

（2）加强实验室工作人员的安全防火意识与技术的教育和培训。加强实验室的安全建设，必须提高实验室人员对安全工作的认识，人人注意安全防范，坚持以防为主的原则，从思想上改变偏重实验、研究工作，忽视安全的倾向。“祸患常积于忽微”，只有从思想、组织、措施上下工夫才能防患于未然。使“祸患可销于未萌”，通过多种形式和途径进行教育和培训，如消防演习、消防专项竞赛等，使实验室管理人员提高安全防火技术水平。

（3）及时更新和配备适合不同特点实验室使用的消防设备和器材。由于实验室性质不同，容易引起的火灾种类不一，因而扑救的方法和使用的消防器材也是不同的。例如：对于一般的电气设备可以使用二氧化碳和干粉作灭火材料；对于要求超净环境的大型精密仪器设备，则严禁使用干粉一类的灭火器材，否则，将会造成仪器设备的更大损失。因此，要及时、有效地制止实验室的火灾，必须配备适用不同性质实验室的专用灭火器材。同时，消防器材要摆放在明显、易于取用的地方，并定期检查，确保有效。

不同性质的实验室适用的灭火材料种类参考如下。

二氧化碳灭火器适宜扑灭精密仪器、电子设备以及600伏以下的电器初起火灾。手提式二氧化碳灭火器有两种使用方式，即手轮式和鸭嘴式。

手轮式：一手握住喷筒把手，另一手撕掉铅封，将手轮按逆时针方向旋转，打开开关，二氧化碳气体即会喷出。

鸭嘴式：一手握住喷筒把手，另一手拔去保险销，将扶把上的鸭嘴压下，即可灭火。

干粉灭火器适宜扑灭油类、可燃气体、电器设备等初起火灾。使用时，先打开保险销，一手握住喷管，对准火源，另一手拉动拉环，即可扑灭火源。

注意：使用时人员站在上风处。

“1211”灭火器适宜扑灭油类、仪器及文物档案等贵重物品的初起火灾。

使用时，先撕去铅封，拔去安全保险销，一手抱住灭火器底部，另一手握住压把开关，喷嘴对准火源喷射，松开压把，喷射即停止。

手提式泡沫灭火器

泡沫灭火器适宜扑灭油类及一般物质的初起火灾。使用时，用手握住灭火器的提环，平稳、快捷地提往火场，不要横扛、横拿。

二、防中毒

实验室中接触最多的是化学试剂以及化学反应产生的有毒气体。而大部分化学试剂和化学反应产生的气体对人体是有害的。如不注意，有毒试剂、有毒气体、蒸气和烟尘可经皮肤、消化道、呼吸道侵入体内。为了防止化学药品危害事故的发生，必须有一些预防的措施。

（1）严格按照实验操作规程操作，尽量避免各种有毒物品侵入皮肤、消化道和呼吸道。严格管理使用剧毒和危险实验品，剧毒实验品必须当天使用，不得以任何理由在实验室存放过夜。

（2）绝对不允许口尝鉴定试剂和未知物；不容许直接用鼻子嗅气味，应以手煽出少量气体。如果到一个房间，嗅有煤气味，立即开窗通风，千万不要打开任何电源，以免电火花引起煤气爆炸。

（3）实验室要做好通风排气工作。一切有可能产生毒性蒸气的工作必须在通风橱中进行，并有良好的排风设备。即使在冬季，也应加强通风。必要时戴上防毒口罩或防毒面具，如佩戴活性炭滤毒口罩和乳胶手套，有毒药品应严格按操作规定限量使用。

（4）有毒的废物、废液要倒在专设的废液缸里，由实验员经过消毒处理后才可弃去。禁止在实验室内饮食或利用实验器具储存食品，餐具不能带进实验室。手上如沾到药品，应用肥皂和冷水洗除，切忌用热水。

（5）处理液溴、氯化氢、氯气、氰化物、甲醇、四氯化碳、苯、硝基化合物、苯胺、酚类等药品时，要严格遵守操作规程，必要时，可戴护目镜、橡皮手套、处理有毒物品时的工作服和用具等，切勿与其他衣物和用具混放在一起。

（6）有毒实验不能连续长期做。如果发现有中毒现象，立即停止工作，送医院急救。

三、防触电

实验室用电安全问题是极为重要的，它不但危及实验设备安全，而且危及学生实验时的群体人身安全。我们必须对实验室的防触电保护措施加以足够重视，并采取相应的保护措施。

1. 在安全电压下用电

安全电压是指保证不会对人体产生致命危险的电压值，实验指导老师要严格控制学生实验用电，尽量使用36V以下的安全电压。在强电实验时，实验人员必须2人以上。万用表使用完后，应将切换旋钮放在交流电压最高挡。对于高压电容器，实验结束后或闲置时应该双电极短接串接合适电阻进行放电。

2. 检查绝缘材料

手持电动工具在使用前必须测量绝缘电阻，其带电部分与外壳之间绝缘电阻不低于0.5MΩ。移动式电动工具及其开关板（箱）的电源线在使用前检查是否采用铜芯橡皮绝缘护套或铜芯聚氯乙烯绝缘护套。同时也要检查绝缘材料是否有退化现象。绝缘材料的性能受环境条件影响较大，温度、湿度都会改变其电阻值，机械损伤和化学腐蚀等也会降低绝缘材料的绝缘电阻值，对于一些高分子材料，还存在由于“老化”导致的绝缘性能逐步下降的问题。

3. 注意屏护装置

某些开启式开关电器的活动部分不便绝缘，或高压设备的绝缘不能保证人在接近时的安全，应采取屏护措施，以免触电或电弧伤人。屏护装置的形式有围墙、栅栏、护网、护罩等。所用材料应有足够的机械强度和耐火性能，若采用金属材料，则必须接地或接零。屏护装置应有足够的尺寸，并与带电体保持足够的距离，在带电体及屏护装置上应有明显的警告标志，以最大限度保证屏护的有效性。

4. 注意与带电体的间距

在带电体与地面之间、带电体与其他设备之间、带电体之间，均需保持一定的安全距离，以防止过电压放电和各种短路事故，以及由这些事故导致的火灾。动力或照明配电箱（柜、板）周围不得堆放杂物；其前方1.2m范围内应无障碍物保持畅通。电线接地时，人体距离接地点越近，跨步电压越高；距离越远，跨步电压越低。

一般情况下距离接地体20m以外跨步电压可看成是零。

5. 检查接地与接零是否良好

接地是指把电气设备的某一部分通过接地装置同大地连接起来；接零是指把电气设备正常时不带电的导电部分（如金属机壳）同电网的零线连接起来。接地与接零是防止电气设备一旦漏电而可能发生触电事故的重要安全措施。

6. 漏电保护装置是否功能正常

漏电保护装置是在电气设备线路漏电时用以保证人身及设备安全的保护装置，又称触电保安器。设备漏电时会出现两种异常现象：正常情况下不带电的金属部分出现对地电压；三相电流平衡被破坏，出现零序电流（或电压）。漏电保护装置，就是在故障时测得零序电流（或电压）或对地电压，经相应转换，使接触器跳闸，切断电源，实施保护。

四、防割伤

玻璃仪器破裂时，容易割伤人的皮肤，在实验室里，应特别注意避免割伤，因为试剂渗入伤口，不易痊愈。为防止割伤，应注意下列事项。

（1）折断玻璃管或安装洗瓶时，要用布包住或戴上线手套。

（2）使用玻璃仪器前，应对仪器进行检查，不要使用有裂纹的仪器。

（3）细口瓶和容量瓶都不是耐热玻璃制成，受热容易炸裂，不能直接在电炉上加热，装入的溶液不可过热。配制溶液时，应先在烧杯内将试剂溶解，尤其是溶解放热性物质时，必须将试剂一份份加入水中，稍冷后再倒入瓶内，以免因溶解发热，使瓶炸裂。

（4）用酒精灯或喷灯加热烧杯或烧瓶时，下部应垫石棉网，以免受热不均匀发生炸裂。

五、防烧伤

在实验室里，皮肤的烧伤，常常是由于接触具有腐蚀性或刺激性的试剂、火焰、高温物体、电流等而引起的。各种烧伤的主要危险性是身体损失大量水分，烧伤后多数由于身体组织损伤、细菌感染而发生严重的并发症。预防烧伤应遵守下列规则。

（1）取用硫酸、硝酸、浓盐酸、氢氟酸、氢氧化钠（钾）、氨水和液体溴时应戴上胶皮手套，不要让药品沾在手上。氢氟酸烧伤较其他酸碱烧伤更危险，如不及时处理，将使组织坏死。故使用氢氟酸时要特别小心，操作后必须立即洗手，以免意外烧伤。

（2）稀释浓硫酸时，必须将浓硫酸缓缓加入水中，同时不断搅拌。因浓硫酸与水作用生成水化物产生大量热，如将水倒入浓硫酸中，或将浓硫酸急速倾入水中，骤然发热会使浓硫酸溅出，伤害皮肤、眼睛和衣服。

（3）开启氨水、盐酸、硝酸等试剂瓶口时，应先盖上湿布，用冷水冷却后，再开瓶塞，以防溅出，尤其在夏天更应该注意。

（4）使用酒精灯和喷灯时，酒精不应装得太满，并应先将洒在喷灯外面的酒精擦干净，然后再点燃，以免灯外的酒精燃烧，将手烧伤。点燃酒精灯时，要用火柴，不要将灯斜置到别的灯上去引火，以免酒精洒出，引起火灾。

（5）在使用加热设备如电炉、烘箱、砂浴、水浴等时应严格遵守安全操作规则，以防烫伤。同时，在实验室也要注意溢水事故，使用完水龙头一定要关闭。离开实验室，一定要关好门窗。每个同学都要养成习惯，离开实验室，逐项检查，遇有生人一定要上前询问。在做危险实验时，必须要有2人以上。在具体实验过程中一定要牢牢树立“安全第一，预防为主”“安全为了实验，实验为了安全”的思想。

第三节　体育运动安全

“生命在于运动”，但运动是有一定规律性的。我们只有遵循运动规律，科学锻炼，体育运动才会起到增强体质的作用。

一、遵守规则，科学运动

1. 运动前要做好准备活动

在进行体育锻炼前做好充分的准备活动，对于体育锻炼者来说是非常重要的。

（1）提高肌肉温度，克服肌组织的黏滞性，预防运动损伤发生。体育锻炼前进行一定强度的准备活动，可使肌肉的代谢过程加强，肌肉温度升高，这样既可以使肌肉的黏滞性下降（不发僵），还可以增加肌肉、韧带的伸展性和弹性，减少由于肌肉剧烈收缩造成的运动损伤。

（2）提高内脏器官的机能水平，适应身体运动的需要。内脏器官的机能特点是生理惰性较强，适当的准备活动可在一定程度上预先动员内脏器官的机能，使正式锻炼一开始时内脏器官的动能就达到较高水平，从而减轻开始运动时由于内脏器官不适应所造成的不舒服。

（3）调试心理状态，提高神经系统兴奋性。体育锻炼前的准备活动可将锻炼者的心理状态调整到体育锻炼的情景中来，同时接通各运动中枢间的神经联系，使大脑皮层处于最佳的兴奋状态，投身于体育锻炼之中，可达到事半功倍的效果。

2. 循序渐进，持之以恒

体育锻炼对增强体质、促进健康的作用是循序渐进、逐步提高的，不可能一蹴而就。

（1）体育锻炼力戒急于求成，必须根据自身的实际情况确定运动负荷的大小，做到量力而行。当锻炼者达到所希望的体能时，就无须再增加运动强度和持续时间。以某种固定的负荷进行有规律的锻炼，就能保持这种体能水平。

（2）体育运动要坚持循序渐进原则，运动负荷应由小到大，逐步提高。可采用“百分之十规则”，即每周的运动强度或持续运动时间的增加不得超过前1周的10%。例如，每天跑步持续30分钟，下1周可将跑步时间增加到33分钟。

（3）坚持不懈，持之以恒，才能使体能保持不断增强的趋势。一般应在逐步提高“量”的基础上，逐渐增大运动强度。同时，随时加强自我监督，密切注意身体机能的不良反应。

3. 讲究运动卫生

（1）饭前饭后不要立即进行剧烈运动。饭前的剧烈运动，会使胃肠蠕动减弱，消化液分泌减少，胃肠的消化和吸收功能降低，从而妨碍食物的消化吸收，如果经常这样，就容易发生胃肠疾病。饭后立即进行剧烈运动，会使血液从内脏各器官流向四肢，造成内脏器官，特别是消化器官的相对“缺血”。这样，不仅妨碍消化器官的正常工作，容易引起腹痛和消化吸收功能的抑制，而且易出现心脏血管系统的不良症状。另外临睡前做剧烈运动也是不好的，会因精神过度兴奋而引起失眠。

（2）剧烈运动后不要马上静止休息。如果在剧烈运动后忽然停下来休息，肌肉的节律性收缩就减弱或停止，原来流进肌肉的大量血液就不能通过肌肉的节律收缩流回心脏，致使大部分血液在肌肉中积存。这时，心脏里的血液就会出现暂时性减少，造成血压降低。同时，供给脑部的血液也相应减少，出现暂时性脑贫血。人就会感到心慌气短、头晕眼花、面色苍白，甚至发生晕倒的现象。所以，剧烈运动后，应该继续做一些慢跑、轻跳或边走边做些帮助呼吸的肢体动作，使运动量逐渐由大到小，内脏器官的活动由快到慢，待身体的神经、血管、肌肉等都恢复到了正常状态之后，再停下来休息。

4. 大小运动量相结合

采用大小运动量交叉进行身体锻炼，不仅能够提高效果，而且还能防止伤害事故。因此，应做到不要连续几天进行大强度运动或大运动量锻炼；大强度或大运动量锻炼1周最多只能进行3次；每周可以安排1次超大强度运动；掌握自己身体状况，如果疲劳没有很好恢复或出现过度疲劳症状，应停止运动。

（1）运动频率。即每周进行体育锻炼的次数应保持在3～5次。大学生应该保证每周进行5次体育锻炼。

（2）运动强度。锻炼强度常用心率间接表示，目前推荐的锻炼强度范围为自己最大心率的60%～80%。最大心率可采用下列公式来估算，即最大心率=220−年龄。体育锻炼必须达到一定的强度，在适应一定运动强度后，还应逐渐加大锻炼的强度，才能使身体健康水平逐步得到提高。

（3）运动时间。即每次运动的持续时间。有效的1次锻炼时间是20～60分钟，对于一个适应水平较低的大学生而言，至少应持续20～30分钟的锻炼，而适应水平较高的大学生可能要持续锻炼40～60分钟。另外，时间和强度是决定运动负荷的主要因素，运动时间短，运动强度要大；运动时间延长，运动强度可适当降低。每次锻炼尽可能安排在同一时间，这样可以养成良好的锻炼习惯，有助于身体内脏器官形成条件反射。饭后1小时和睡前1小时不能锻炼，否则会影响消化和睡眠。体力最佳时间一般在15:00～20:00之间，可以考虑作为主要锻炼时间。

（4）运动形式。即不同的运动类型，包括有氧运动和无氧运动。有氧运动项目包括步行、慢跑、跳绳、游泳等。进行有氧运动需持续3分钟或以上，可使大组肌肉及有氧能量系统进行韵律性运动。无氧运动的项目包括短跑、投掷等，主要功能是训练肌力与肌耐力。进行无氧运动是使无氧能量系统进行短暂的（3分钟以下）爆发性运动。

5. 做到安全第一

（1）不要盲目参加超过能力的活动。

（2）生病初愈不宜进行较大强度的锻炼。

（3）每次锻炼后，要注意做好整理、放松活动。

（4）在制订或实施自己的锻炼计划前，如果患有某种疾病或有家族遗传病史，需要找大夫咨询，一定要经过体检和医生的认可，在有医务监督的情况下按照体育教师和医生的建议进行锻炼。

二、预防运动伤害

（一）体育运动前预防

1. 把握身体状况

在运动前，若出现身体不适，应终止激烈运动或强度过大的运动（超长距离跑），改换为轻度运动或停止运动。

2. 注意环境条件

在过热或过冷的环境条件下进行运动，存在一定的危险。因此，运动时应注意时间段的选择。夏季应选择凉爽的时间段运动，冬季则应在暖和的时间段运动。

3. 运动服装及鞋的选择

应选择质地柔软、透气性能和吸水性好、有利于身体自由活动的服装；应选择具有弹性、透气性能良好、穿着舒适的鞋子，鞋跟不宜过高，并符合季节要求。

4. 充分进行准备活动

准备活动一般有快走、慢跑及原地连续性徒手体操等形式。这些活动能使四肢关节活动度加强，有助于一般性运动能力得到提高。准备活动持续的时间与正式运动之间有1～3分钟的间隔较为适宜。

（二）体育运动中的预防

体育运动的目的是维持和增进身体健康，因此应尽量避免运动量过大。同时要注意在锻炼中及时发现各种不正常的症状并及时进行调整。以下是在体育锻炼中常见的几个需要引起警觉的症状。

1. 呼吸困难症状

此时可终止运动，休息数分钟使身体恢复正常状态之后，再接着从轻运动开始练习。若连续在3分钟以内有呼吸困难症状，就可认为该运动的强度过大，不适宜再继续运动。

2. 腹痛症状

当腹痛发生时，终止运动或减慢运动速度，即可自然消除疼痛症状。容易发生腹痛者，要认真对待准备活动，使机体逐渐进入运动状态。在跑步中要掌握正确的呼吸方法，尽量用鼻呼吸而不用口呼吸，根据运动量来调整呼吸的节奏及深度。总之，应避免腹痛发生，保证运动的顺利进行。

3. 胸闷症状

研究表明，除心前区疼痛特别严重者以外，只要不引起其他临床症状，是可以进行适当运动的，而且适量的运动还具有一定的治疗效果。对于支气管疼痛症状，可通过间隔运动使其自然消失。若在运动中发生干咳症状时，要调整呼吸方法使其缓解。寒冷季节运动要加戴口罩，防止冷空气对呼吸道的刺激。

4. 下肢疼痛症状

运动所引起的下肢疼痛有各种各样的症状，症状不同，处置方法也不相同。

（1）长期不运动者，初次运动时，会引起小腿（腓肠肌）和大腿（股四头肌）部位肌肉疼痛。这是由于剧烈运动导致乳酸积累引起的，不需做任何特别的处理，休息1～2日即可自然消失。疼痛不严重可坚持小运动量锻炼。

（2）从开始锻炼到坚持2周以上时，逐渐会出现足、膝的关节疼痛。此种疼痛比较顽固，应中止锻炼，待疼痛消失后再开始运动。再度开始运动时，运动强度应该比之前减小。

（3）运动中突发的下肢疼痛，可能是由于扭挫、肌肉撕伤、肌腱断裂甚至是骨折等引起的。此时原则上要保持平静，应马上接受医生的诊断治疗，不及时治疗可能造成后遗症。

（三）体育运动后的预防

（1）整理活动

为了预防不良症状，在剧烈运动后不可立即进入安静状态，应继续进行一段时间的轻量运动，使亢进的功能逐渐恢复到常态的基础水准。这种在高强度运动之后的轻量运动，称为整理活动。体育锻炼后的整理活动是加速代谢产物的清除、加快体力恢复及防止运动锻炼后昏厥，甚至是预防死亡事故发生的重要措施，因此要认真对待整理活动，不但要做，还要做好。整理活动的主要内容有：1～2分钟的慢跑或步行；下肢的柔软体操和全身的伸展体操；上肢肌肉群的按摩（特别要针对运动后容易痉挛的肌肉群）或自我抖动肌肉的放松动作。

（2）淋浴和洗澡。在运动后进行淋浴，可使心情爽快，促进疲劳消除，特别是在大量出汗后，淋浴更是不可缺少的。洗澡不仅可以清洁皮肤，还可促进皮肤和肌肉的血液循环；加快新陈代谢，加速体内废物的排出和消除精神紧张，解除疲劳，使肌肉放松，肌肉张力下降。

（四）体育运动中的补水

（1）饮水量应按照运动量和排汗量的多少来相应调整，不可暴饮。大量饮水会给心脏增加负担。

（2）轻度运动中发生口渴现象时，尽量不要饮水，这是由于口腔、咽喉黏膜干燥引起的，可以用温开水漱漱口，以缓解口干舌燥症状。

（3）运动中或运动后，每次饮水量要适度，绝不可开怀畅饮，一次水分的摄取量在100毫升左右为宜，超长距离跑的途中，可根据发汗量的多少，以间隔20～60分钟一次进行补水调节。

（4）出汗失水也丢失盐分。因此，有必要在补水的同时加入一定量的盐。切不可饮用生水和过量的冰水。在饮料中适当添加一些糖分是有效的能量补充。

三、常见运动伤害的处理

1. 扭伤的处理方法

扭伤当时可以做冷敷。冷敷的具体操作方法是：用毛巾蘸冷水、拧干后盖在伤处，也可以用冷水淋洗伤部。冷敷可以每隔3～4小时做1次，每次敷5～8分钟。

2. 挫伤的处理方法

挫伤的急救方法与扭伤相同。

3. 擦伤的处理方法

处理方法是先止血，由于血液有自行凝结的功能，所以轻度擦伤时的渗出性出血，在数分钟内即可自行停止。重度的、范围大的擦伤血量大，要立即送医院包扎处理，在送医院途中，要设法止血或减少出血量。在止血过程中，切不能用脏毛巾、手绢等物擦洗伤处，以免细菌感染。

4. 骨折的处理方法

首先除去压在伤者身上或阻碍搬移伤者的障碍物，然后把伤者放平，固定伤处，保暖，在移动伤者时动作要缓慢轻柔。然后迅速送医院处理。切忌盲目翻动伤者的身体，以避免断骨伤及肌肉、神经、血管等。

5. 鼻出血处理法

鼻出血的病人可暂时用口呼吸，同时头要向后仰，在鼻部放置蘸凉水的毛巾。如果出血不止，可用凡士林纱布卷塞入鼻腔内。

第四节　宿舍安全

高校宿舍管理是学生管理工作中很重要的组成部分，学生在大学四年的学习生活有近一半时间是在宿舍度过。教室、宿舍、食堂、图书馆四点一线仍是当代大学生不变的主题，但同时宿舍存在的安全隐患却不能掉以轻心，尤其是高校连年由宿舍安全问题导致的学生伤亡事故时有发生。2009年上海高校共发生各类安全事故52起，其中事故灾难类事件22起，占42.31%；社会安全类事件30起，占57.69%。为此，加强高校宿舍管理，消除安全隐患，杜绝人身伤亡事故的发生，是高校学生管理重中之重，也是提倡以人为本，尊重生命的人文关怀的体现。

一、高校宿舍常见安全隐患

1. 私接电线，乱用插座

随着人们生活水平的不断提高，加之一些专业特点的需要，电脑的使用几乎达到人手一台。一个插线板上有好几台电脑在使用，其他违规电器也在使用，造成插座及电线超负荷运转。电线交织盘结，像蜘蛛网一样，存在较严重的安全隐患。消防部门指出，如此过度负载用电，会导致整个电路超负荷短路。这么多接线板相互连接在一起，一旦插座沾水，就可能导致电线短路。而且，交错的电线一旦出现绝缘皮损坏现象，轻的会导致全楼停电，重则会引发火灾。此外，一些宿舍采用夜间断电，次日早晨供电的管理方式，瞬间供入的电流，极有可能将插入接线板的用电器击穿，甚至导致用电器起火。

2. 学生违规使用电器的情况时有发生

学生宿舍使用的违规电器可谓五花八门，电暖宝、电夹板、热得快、电水壶、电饭锅、电磁炉、电热杯、电吹风、电热毯、电炒锅等。有的同学贪图便宜在地摊上买劣质产品、三无产品等，这些劣质的小电器就像一个个“小地雷”，埋在学生宿舍内，无疑是巨大的不安全因素。某高校大三一男生在宿舍因为使用热得快酿成火灾，几乎把所有物品烧毁，幸好发现及时，才避免更大灾难的发生。

3. 窗外防盗护栏留有隐患

一些高校出于加强防盗方面的考虑及防止学生随意夜间外出，在宿舍一楼乃至二楼都安装了防护栏。如突发火灾，学生的紧急逃生出现障碍。按照消防部门有关法律法规，集体宿舍这样的公共场所，可以安装带有小门的护栏，可以在紧急情况下作为逃生出口。此外，学生依靠防护栏夜间攀爬，稍有不慎就有可能发生意外，造成人身伤亡。

4. 消防设施不符合要求

宿舍的消防通道是否畅通、有无障碍；逃生指示灯是否明亮；灭火器、消防栓是否按要求配置并能有效使用等。有些消防通道长期不用，或为了减少闲杂人员进入，而将一侧通道大门紧锁，甚至值班人员都不知钥匙在何处。有的灭火器中灭火剂已经过期失效，消防栓不能正常使用，有些水源没有接通或开关损坏等，无疑会随时对学生的生命安全造成威胁。

5. 偶发性突发事件引起事故

（1）不良的行为习惯。学生违规在宿舍酗酒、吸烟、打牌、盗窃、晚归或不归等不良行为习惯，较差的自律性，都是引发事故的诱因。酗酒闹事，不能控制自己的情绪，引发打架斗殴事件，虽然不常发生，但引起的后果较为严重；在宿舍吸烟不但同寝室的同学被动吸烟，而且因吸烟引燃被褥等物品造成火灾；个别同学不思进取，打牌甚至是赌博而引发纠纷；盗窃行为的发生，道德观、价值观的沦丧，并不是危言耸听。虽然只是个别现象，但不良影响是巨大的；学生自律性不强，上网、娱乐、参加聚会活动等造成晚归甚至是不归等现象都是潜在的安全隐患。

（2）因心理疾病引起的突发事件。许多学生由于从高中到大学的不适应而不知所措，从学习、生活、交友等方面不能很好地融入到大学生活中。导致压力过大，紧张、失眠、心理负担过重，不能很好地排解；有些是由于家庭原因，如单亲、离异、家庭暴力、遗传等因素引发心理障碍、心理异常。轻者抑郁，重则有暴力倾向或自杀倾向，宿舍区是此类事件的重灾区。

资料表明，近年来在校大学生中出现心理障碍倾向的人数约占总体的20%～30%，有较严重心理障碍的约占10%，有严重心理异常者约占1%，而且心理不健康的人数比例有逐年上升的趋势，每年高校因心理问题引发的突发事件也屡见不鲜。偶发性突发事件的发生如处理不当会引起严重后果，可能会转变为群体事件或上升为政治事件；局部事件可能发展为全局事件，从而引发公众关注的社会问题。所以对偶发事件应宜早不宜迟、宜散不宜聚，宜顺不宜激。真正做到发现得早，化解得了，控制得住，处置得好。

二、预防为主，加强宿舍安全措施

1. 预防为主，制订预案

降低或规避不良事件的发生一定要以预防为主，要在源头上维稳，将隐患消灭在萌芽之中。加强预测，防患于未然，掌握信息和第一手资料，对易出现的安全隐患要多方征求意见，集思广益，制订合理防范措施，科学化决策，制订预案。同时，要落实安全责任制，组织相关人员经常排查不安全因素并及时整改，杜绝死角，将安全隐患降到最低程度。

2. 健全机制，提高处置能力

对学生私接电线、乱用插座、违规使用电器等情况，要采取多种形式进行引导教育。如通过召开主题班会，用实际案例教育引导学生认识到安全隐患的严重性。珍惜生命，尊重生命，通过观看宣传片而受到深刻的教育。另外，加强学生宿舍管理力度，加大对私拉接线、违规用电的查处力度。学生处、保卫处、宿舍管理处要组成联合检查工作组，定期对学生寝室检查、不定期抽查，对屡犯学生依据学生处分有关条例进行处理，有效遏制违规用电，最大限度杜绝安全隐患。

3. 防盗设施，符合安全标准

针对一些高校安装的防盗栏，也要规范管理。可以安装带有小门的护栏，或者校方可以在护栏处留下稍宽的空隙，紧急情况下，就可以从此钻出去。对学生通过护栏攀爬，随意外出等行为要严加教育管理。宿管部门对晚归学生进行登记；保安要加强夜间巡逻，对攀爬学生要制止及教育；辅导员要对个别学生进行重点谈话教育。齐抓共管，形成教育的合力，用制度去规范学生不良行为，达到教育的目的。

4. 消防设施，要符合标准及要求

保卫部门要定期对学校消防设施进行安全检查，对消防通道不畅通的督促有关部门立即整改；检查灭火器、消防栓是否能够正常使用，严格按有关规定执行。同时联合消防部门开展消防灭火演习，在入学教育及平时要进行宣讲、播放案例教育片等，教育引导学生学会使用灭火设施及工具，在紧急情况下可以逃生、自救。

5. 偶发性突发事件，要建立长效机制

规范学生不良行为习惯，制定相关学生管理制度、规定，奖惩结合，宽严相济。教育引导学生德育为先，以德树人，做事先做人。按中央16号文件精神，加强大学生思想道德建设，提高学生综合素质水平。从小事做起，从点滴做起，做有理想、有道德、有文化、有纪律的合格人才。

对于有心理障碍或心理异常的学生要关注，目前每所高校都设有心理咨询室，配备了专职的心理咨询师。通过心理预约咨询、团体拓展辅导、开设心理咨询课等减少因心理异常引发的过激事件。但随着社会的不断快速发展，竞争日益剧烈，高校仍是心理疾病的重灾地，因心理疾病引发的死亡案件也呈上升的趋势。例：2009年7月25日晚8时许，国内某知名大学一名男生从宿舍阳台坠楼，后经抢救无效身亡。据媒体报道，该男生属自杀，之前曾患有抑郁症。对于存在严重心理异常的学生，依靠引导、心理辅导已达不到预定的效果。为此，要采取措施，送往专业的精神医疗机构治疗。

第九章　公共安全

第一节　应对自然灾害

一、警报系统和预警信息

（一）警报系统

1. 基本概述

警报系统是用物理方法或电子技术，自动探测发生在布防监测区域内的侵入行为，产生报警信号，并提示值班人员发生报警的区域部位，显示可能采取对策的系统。警报系统是预防抢劫、盗窃等意外事件的重要设施。一旦发生突发事件，就能通过声光报警信号在安保控制中心准确显示出事地点。警报系统与出入口控制系统、闭路电视监控系统、访客对讲系统和电子巡更系统等一起构成了安全防范系统。

2. 警报系统的分类

（1）可视化警报系统，例如：火灾警报系统、烟雾警报系统、地震警报系统等。

（2）虚拟软件，主要指当代电脑网络系统的安全警报系统，可以理解成一套程序。

（3）无线警报系统，应用于幼儿园、校园等场所。

（二）预警信息

1. 基本概述

预警信息是指在灾害或灾难以及其他需要提防的危险发生之前，根据以往总结的规律或观测得到的可能性前兆，向相关部门发出紧急信号，报告危险情况，以避免危害在不知情或准备不足的情况下发生，从而最大程度减低危害所造成的损失的行为。

2. 气象灾害预警级别

按照灾害性天气气候强度标准和重大气象灾害造成的人员伤亡和财产损失程度，重大气象灾害被确定为一般（Ⅳ级）、较重（Ⅲ级）、严重（Ⅱ级）和特别严重（Ⅰ级）四级预警。

（1）Ⅰ级预警：在某省（区、市）行政区域或者多省行政区域内，气象主管机构所属气象台站预报预测出现灾害性天气气候过程，其强度达到国务院气象主管机构制定的极大灾害性天气气候标准的，或者地质灾害气象等级达5级、森林（草原）火险气象等级达5级。

（2）Ⅱ级预警：其强度达到国务院气象主管机构制定的特大灾害性天气气候标准的，或者地质灾害气象等级达4级、森林（草原）火险等级达4级。

（3）Ⅲ级预警：其强度达到国务院气象主管机构制定的重大灾害性天气气候标准的，或地质灾害气象等级达3级、森林（草原）火险气象等级达3级。

（4）Ⅳ级预警：其强度达到国务院气象主管机构制定的较大灾害性天气气候标准的，或地质灾害气象等级达2级、森林（草原）火险气象等级达2级。

3. 突发公共事件应急中预警分级

依据突发事件即将造成的危害程度、发展情况和紧迫性等因素，将突发事件的发生由低到高划分为一般（Ⅳ级）、较大（Ⅲ级）、严重（Ⅱ级）、特别严重（Ⅰ级）四个预警级别，并依次采用蓝色、黄色、橙色和红色表示。

（1）蓝色等级（Ⅳ级）：预计将要发生一般（Ⅳ级）以上突发

公共安全事件，事件即将临近，事态可能会扩展。

（2）黄色等级（Ⅲ级）：预计将要发生较大（Ⅲ级）以上突发公共安全事件，事件已经临近，事态有扩大的趋势。

（3）橙色等级（Ⅱ级）：预计将要发生重大（Ⅱ级）以上突发公共安全事件，事件即将发生，事态正在逐步扩大。

（4）红色等级（Ⅰ级）：预计将要发生特别重大（Ⅰ级）以上突发公共安全事件，事件会随时发生，事态正在不断蔓延。

二、应对地震

（一）基本概述

地震又称地动、地振动，是地壳快速释放能量过程中造成振动，期间会产生地震波的一种自然现象。地震常常造成严重人员伤亡，能引起火灾、水灾、有毒气体泄漏、细菌及放射性物质扩散，还可能造成海啸、滑坡、崩塌、地裂缝等次生灾害。

（二）震时现象

地震时，最基本的现象是地面连续振动，主要特征是明显的晃动。极震区的人先感到上下跳动。因为地震波从地内向地面传来，纵波首先到达。横波接着产生大振幅的水平方向的晃动，是造成地震灾害的主要原因。1960年智利大地震时，最大的晃动持续了3分钟。地震造成的灾害首先是破坏房屋和建筑物，如1976年中国河北唐山地震中，70%～80%的建筑物倒塌，人员伤亡惨重。

地震对自然景观也有很大影响。最主要的后果是地面出现断层和地震裂缝。大地震的地表断层常绵延几十至几百千米，往往具有较明显的垂直错距和水平错距，能反映出震源处的构造变动特征。但并不是所有的地表断裂都直接与震源的运动相联系，它们也可能是由于地震波造成的次生影响。特别是地表沉积层较厚的地区，坡地边缘、河岸和道路两旁常出现地裂缝，这往往是由于地形因素，在一侧没有依托的条件下晃动使表土松垮和崩裂。地震的晃动使表土下沉，浅层的地下水受挤压会沿地裂缝上升至地表，形成喷沙冒水现象。大地震能使局部地形改观，或隆起，或沉降。使城乡道路坼裂、铁轨扭曲、桥梁折断。在现代化城市中，由于地下管道破裂和电缆被切断造成停水、停电和通讯受阻。煤气、有毒气体和放射性物质泄漏可导致火灾和毒物、放射性污染等次生灾害。在山区，地震还能引起山崩和滑坡，常造成掩埋村镇的惨剧。崩塌的山石堵塞江河，在上游形成地震湖。

（三）地震伤害

直接伤害：在室内因器物倾倒或房屋倒塌被砸伤；在室外被倒塌的建筑物等砸伤；在野外被山上的滚石砸伤；被地光烧伤。

间接伤害：地震引起的火灾；地震引起的水灾；地震引起的毒气泄漏；地震引起的危险品爆炸。

（四）避震

1. 地震时应急防护原则

一要因地制宜，不要一定之规；二要行动果断，不要犹豫不决；三要在公共场所要听从指挥，不要擅自行动。

2. 地震时应急防护要点

（1）震时就近躲避，震后迅速撤离到安全的地方，是应急避震较好的办法。这是因为，震时预警时间很短，人又往往无法自主行动，再加之门窗变形等，从室内跑出十分困难；如果是在楼里，跑出来更是不可能的。但若在平房里，发现预警现象早，室外比较空旷，则可力争跑出避震。

（2）躲在室内结实、不易倾倒、能掩护身体的物体下或物体旁，开间小、有支撑的地方；室外远离建筑物，到开阔、安全的地方。

（3）应趴下，使身体重心降到最低，脸朝下，不要压住口鼻，以利呼吸；蹲下或坐下时尽量蜷曲身体；抓住身边牢固的物体，以防摔倒或因身体移位，暴露在坚实物体外而受伤。

（4）低头，用手护住头部和后颈，有可能时，用身边的物品，如枕头、被褥等顶在头上以保护头颈部；低头、闭眼，以防异物伤害眼睛；有可能时，可用湿毛巾捂住口、鼻，以防灰土、毒气。

（5）不要随便点明火，因为空气中可能有易燃易爆气体；要避开人流，不要乱挤。因为，拥挤不但不能脱离险境，反而可能因跌倒、踩踏、碰撞等而受伤。

3. 地震时应急防护措施

（1）在校园内，地震时最需要的是学校领导和教师的冷静与果断。有中长期地震预报的地区，平时要结合教学活动，向学生讲述地震和防、避震知识。在比较坚固、安全的房屋里，可以躲避在课桌下、讲台旁，教学楼和公寓楼内的学生可以到开间小、有管道支撑的房间里，不可乱跑或跳楼。

（2）在街上行走时，最好将身边的皮包或柔软的物品顶在头上，无物品时也可以手护在头上，尽可能做好自我防御的准备，避免高层建筑的玻璃碎片、大楼外侧混凝土碎块、可能掉下的广告招牌、电线杆、围墙等倒下伤人。

（3）地震发生时行驶的车辆应尽快减速，逐步刹车。客运列车上的乘客应用手牢牢抓住扶手、柱子或坐席等，以免摔倒或碰伤；降低重心，躲在座位附近，注意防止行李从架子上掉下伤人。

（4）在商店或超市里遇到地震时，要保持镇静。由于人员慌乱，商品下落，可能使避难通道阻塞。此时，应躲在近处的大柱子或大商品旁边（避开商品陈列橱柜），或朝着没有障碍的通道躲避，然后屈身蹲下，等待地震平息。

（5）正在上课时地震，学生要在教师指导下迅速抱头、闭眼、躲在各自的课桌下；在操场或室外时，可原地不动蹲下，双手保护头部，注意避开高大建筑物或危险物；在公共场合要听从工作人员的指挥，不要慌乱，不要拥向出口，要避免拥挤，要避开人流，避免被挤到墙壁或栅栏处。

（五）地震救援

1. 震后自救

震后如发现自己不能脱险时，应采取延长生存时间的自救措施。地震引起房屋倒塌时，空气中漂浮着大量灰尘，因此，首先要防止呼吸道被尘埃堵塞；挪开头部、胸部的杂物；闻到煤气、毒气时，用湿衣服、湿毛巾等物捂住口鼻；避开身体上方不结实的倒塌物和其他容易掉落的物体；扩大和稳定生存空间，用砖块、木棍等支撑残垣断壁，以防余震发生后环境进一步恶化。其次，决定生死的首要条件是有无空气，故不要乱喊叫，尽量节省氧气，保存体力，用石块敲击能发出声响的物体，向外发出呼救信号，不要哭喊、急躁和盲目行动，这样会大量消耗精力和体力，要尽可能控制自己的情绪或闭目休息，等待救援人员到来。要想法包扎，避免流血过多。最后，要冷静观察自身所处环境，努力创造提供生存的安全空间和易于被外面人发现的条件。如果被埋在废墟下的时间比较长，救援人员未到，或者没有听到呼救信号，就要想办法维持自己的生命，尽量寻找食品和饮用水，必要时尿液也能起到解渴作用。

2. 震后互救

根据房屋居住情况以及家庭、邻里人员提供的信息判断，采取看、喊、听等方法寻找被埋压者。采用锹、镐、撬杠等工具，结合手扒方法挖掘被埋压者。在挖掘过程中，应首先找到被埋压者的头部，清理口腔、呼吸道异物，并依次按胸、腹、腰、腿的顺序将被埋压者挖出来。如被埋压者伤势严重，施救者不得强拉硬拖，应设法被埋压者全身暴露出了，查明伤情，采取包扎固定或其他急救措施。对饥渴、受伤、窒息等埋压时间较长的人员，被救出后要用深色布蒙上眼睛，避免强光刺激。对挖掘出的伤员采取人工呼吸、包扎、止血、镇痛等急救措施后，迅速送往医疗点或医院救治。

三、应对洪水

（一）基本概述

洪水是暴雨、急剧融冰化雪、风暴潮等自然因素引起的江河湖泊水量迅速增加，或者水位迅猛上涨的一种自然现象，是自然灾害。

洪水指特大的径流，这种径流往往因河槽不能容纳而泛滥成灾。根据洪水形成的水源和发生时间，一般可将洪水分为春季融雪洪水和暴雨洪水两类。

一般洪水：重现期小于10年。

较大洪水：重现期10～20年。

大洪水：重现期20～50年。

特大洪水：重现期超过50年。

（二）洪水分类

1. 雨洪水

在中低纬度地带，洪水的发生多由雨形成。大江大河的流域面积大，且有河网、湖泊和水库的调蓄，不同场次的雨在不同支流所形成的洪峰，汇集到干流时，各支流的洪水往往相互叠加，组成历时较长、涨落较平缓的洪峰。小河的流域面积和河网的调蓄能力较小，一次雨就形成一次涨落迅猛的洪峰，雨洪水可分为两大类，暴洪是突如其来的湍流，它沿着河流奔流，摧毁所有事物，暴洪具有致命的破坏力，另一种是缓慢上涨的大洪水。

2. 山洪

山区溪沟，由于地面和河床坡降都较陡，降雨后产流、汇流都较快，形成急剧涨落的洪峰。

3. 泥石流

雨引起山坡或岸壁崩坍，大量泥石连同水流下泄而形成。

4. 融雪洪水

在高纬度严寒地区，冬季积雪较厚，春季气温大幅度升高时，积雪大量融化而形成。

5. 冰凌洪水

中高纬度地区内，由较低纬度地区流向较高纬度地区的河流（河段），在冬春季节因上下游封冻期的差异或解冻期差异，可能形成冰塞或冰坝而引起。

6. 溃坝洪水

水库失事时，存蓄的大量水体突然泄放，形成下游河段的水流急剧增涨甚至漫槽成为立波向下游推进的现象。冰川堵塞河道、壅高水位，然后突然溃决时，地震或其他原因引起的巨大土体坍滑堵塞河流，使上游的水位急剧上涨，当堵塞坝体被水流冲开时，在下游地区也形成这类洪水。

7. 湖泊洪水

由于河湖水量交换或湖面大风作用或两者同时作用，可发生湖泊洪水。吞吐流湖泊，当入湖洪水遭遇和受江河洪水严重顶托时常产生湖泊水位剧涨，因盛行风的作用，引起湖水运动而产生风生流，有时可达5 ～ 6m。

8. 天文潮

海水受引潮力作用而产生的海洋水体的长周期波动现象。海面一次涨落过程中的最高位置称高潮，最低位置称低潮，相邻高低潮间的水位差称潮差。加拿大芬迪湾最大潮差达19.6m，中国杭州湾的澉浦最大潮差达8.9m。

9. 风暴潮

台风、温带气旋、冷峰的强风作用和气压骤变等强烈的天气系统引起的水面异常升降现象，多出现在中低纬度沿海沿湖地区。它和相伴的狂风巨浪可引起水位上涨，又称风潮增水。

10. 海啸

是水下地震或火山爆发所引起的巨浪。

（三）洪水前的准备

（1）根据当地电视、广播等媒体提供的洪水信息，结合自己所处的位置和条件，冷静选择最佳路线撤离，避免出现“人未走水先到”的被动局面。

（2）认清路标，明确撤离的路线和目的地，避免因为惊慌而走错路。

（3）自保措施：

① 备足速食食品或蒸煮够食用几天的食品或救生口粮，准备足够的饮用水和日用品。

② 扎制木排、竹排，搜集木盆、木材、大件泡沫塑料等适合漂浮的材料，加工成救生装置备用。

③ 将不便携带的贵重物品进行防水捆扎后埋入地下或放到高处，票款、首饰等小件贵重物品可缝在衣服内随身携带。

④ 保存好尚能使用的通讯设备。

⑤ 提前备好救生包。

（四）洪水到来时的自救

（1）洪水到来时，来不及转移的人员，要就近迅速向山坡、高地、楼房、避洪台等地转移，或者立即爬上屋顶、楼房高层、大树、高墙等高的地方暂避。

（2）如洪水继续上涨，暂避的地方已难自保，则要充分利用准备好的救生器材逃生，或者迅速找一些门板、桌椅、木床、大块的泡沫塑料等能漂浮的材料扎成筏逃生。

（3）如果已被洪水包围，要设法尽快与当地政府防汛部门取得联系，报告自己的方位和险情，积极寻求救援（注意：千万不要游泳逃生，不可攀爬带电的电线杆、铁塔，也不要爬到泥坯房的屋顶）。

（4）如已被卷入洪水中，一定要尽可能抓住固定的或能漂浮的东西，寻找机会逃生。

（5）发现高压线铁塔倾斜或者电线断头下垂时，一定要迅速远避，防止直接触电或因地面“跨步电压”触电。

（6）洪水过后，要做好各项卫生防疫工作，预防疫病的流行。

四、应对台风

（一）基本概述

台风（飓风）是形成于热带或副热带海面温度在26℃以上的广阔海面上的热带气旋。在气象学上，按世界气象组织定义：热带气旋中心持续风速在12级至13级（即每秒32.7米至41.4米）称为台风（typhoon）或飓风（hurricane），飓风的名称使用在北大西洋及东太平洋；而北太平洋西部（赤道以北，国际日期线以西，东经100度以东）使用的近义字是台风，在每年的夏秋季节，我国毗邻的西北太平洋上会生成不少名为台风（typhoon）的猛烈风暴，有的消散于洋上，有的则登上陆地，带来狂风暴雨。

（二）台风灾害

台风是一种破坏力很强的灾害性天气系统，但有时也能起到消除干旱的有益作用。台风过境时常常带来狂风暴雨天气，引起海面巨浪，严重威胁航海安全。台风登陆后带来的风暴增水可能摧毁庄稼、各种建筑设施等，造成人民生命、财产的巨大损失。其危害性主要有三个方面。

1. 大风

热带气旋达台风级别的中心附近最大风力为12级以上。

2. 暴雨

台风是带来暴雨的天气系统之一，在台风经过的地区，可能产生150～300mm降雨，少数台风能直接或间接产生1000mm以上的特大暴雨，如1975年第3号热带气旋登陆后倒槽在河南南部产生的特大暴雨，打破了部分地区的降雨记录。河南75·8事件。

3. 风暴潮

一般台风能使沿岸海水产生增水，江苏省沿海最大增水可达3m。“9608”和“9711”号台风增水，使江苏省沿江沿海出现超历史的高潮位。

（三）预防措施

1. 居民

（1）及时收听、收看或上网查阅台风预警信息，了解政府的防台行动对策。

（2）关紧门窗，紧固易被风吹动的搭建物。

（3）从危旧房屋中转移至安全处。

（4）处于可能受淹的低洼地区的人要及时转移。

（5）检查电路、炉火、煤气等设施是否安全。

（6）幼儿园、小中学校应采取暂避措施，必要时停课。

（7）露天集体活动或室内大型集会应及时取消，并做好人员疏散工作。

2. 海上

（1）台风来临前，船舶应听从指挥，立即到避风场所避风。

（2）万一躲避不及或遇上台风时，应及时与岸上有关部门联系，争取救援。

（3）等待救援时，应主动采取应急措施，迅速果断地采取离开台风的措施，如停（滞航）、绕（绕航）、穿（迅速穿过）。

（4）强台风过后不久的风浪平静，可能是台风眼经过时的平静，此时泊港船主千万不能为了保护自己的财产，回去加固船只。

（5）有条件时在船舶上配备信标机、无线电通讯机、卫星电话等现代设备。

（6）在没有无线电通讯设备的时候，当发现过往船舶或飞机，或与陆地较近时，可以利用物件及时发出易被察觉的求救信号，如堆“SOS”字样，放烟火，发出光信号、声信号，摇动色彩鲜艳的物品等。

3. 防抗台风

加强台风的监测和预报是减轻台风灾害的重要的措施。对台风的探测主要是利用气象卫星。在卫星云图上，能清晰地看见台风的存在和大小。利用气象卫星资料，可以确定台风中心的位置，估计台风强度，监测台风移动方向和速度，以及狂风暴雨出现的地区等，对防止和减轻台风灾害起着关键作用。当台风到达近海时，还可用雷达监测台风动向。建立城市的预警系统，提高应急能力，建立应急响应机制。还有气象台的预报员，根据所得到的各种资料，分析台风的动向，登陆的地点和时间，及时发布台风预报，台风警报或紧急警报，通过电视、广播等媒介为公众服务，让沿海渔船及时避风回港，同时为各级政府提供决策依据，发布台风预报或警报是减轻台风灾害的重要措施。

4. 防范方法

（1）关紧窗户。

（2）把晾在外面的东西收进来。

（3）如果人在外面，找高大的建筑物躲避，以免被强大的台风吹走。

（4）不要站在危险的地方，如较细的物体旁。

5. 应对举措

（1）尽量不要出门，并且保持镇静。

（2）一定要出行建议乘坐火车。在航空、铁路、公路三种交通方式中，公路交通一般受台风影响最大，建议不要自己开车。

（3）尽可能远离建筑工地。居民经过建筑工地时最好稍微保持点距离，因为有的工地围墙经过雨水渗透，可能会松动；还有一些围栏，也可能倒塌；一些散落在高楼上没有及时收集的材料，如钢管、榔头等，也会被风吹下；有塔吊的地方，更要注意安全，因为如果风大，塔吊臂有可能会折断。还有些地方正在进行建筑立面整治。经过脚手架时，最好绕行，不要往下面走。

（4）保持消息畅通。注意广播或电视的天气情况播报。准备一个可以用电池的收音机（还有备用电池）以防断电。

（5）准备蜡烛和手电筒。储备食物，饮用水，电池和急救用品。

（6）固定或收回屋外、阳台上的一切可移动物品，包括玩具、自行车、家具、植物等。将盆栽或其他重物搬离窗户。

（7）台风来临前应将阳台、窗外的花盆等物品移入室内，切勿随意外出，家长关照自己孩子，居民用户应把门窗捆紧拴牢，特别应对铝合金门窗采取防护，确保安全。市民出行时注意远离迎风门窗，不要在大树下躲雨或停留。

（8）如果风力过强，远离窗户等可能碎裂的物品。如遇洪水，关闭家中一切电源、水源、煤气。台风过去后，仍要注意破碎的玻璃、倾倒的树或断落的电线等可能造成危险的物品。

（9）受伤后不要盲目自救，要拨打120。台风中外伤、骨折、触电等急救事故最多。外伤主要是头部外伤，被刮倒的树木、电线杆或高空坠落物如花盆、瓦片等击伤。电击伤主要是被刮倒的电线击中，或踩到掩在树木下的电线。不要打赤脚，最好穿雨靴，防雨同时起到绝缘作用，预防触电。走路时观察仔细再走，以免踩到电线。通过小巷时，也要留心，因为围墙、电线杆倒塌的事故很容易发生。高大建筑物下注意躲避高空坠物。发生急救事故，先打120，不要擅自搬动伤员或自己找车急救。搬动不当，对骨折患者会造成神经损伤，严重时会发生瘫痪。

（四）台风级别

台风警报根据编号热带气旋的强度、影响时间和程度可分为：消息、警报和紧急警报三级。

（1）消息。台风远离或沿海尚未开始出现8级风或暴雨时，预报责任区根据需要可发布消息，报道台风的情况；警报解除时也可以消息方式发布。

（2）警报。预计未来48小时内影响沿海地区或者台风登临时，发布警报。

（3）紧急警报。预计未来24小时内影响沿海地区或者台风登临时，发布紧急警报。

1. 蓝色

24小时内可能或者已经受热带气旋影响，沿海或者陆地平均风力达6级以上，或者阵风8级以上并可能持续。防御指南：

（1）政府及相关部门按照职责做好防台风准备工作。

（2）停止露天集体活动和高空等户外危险作业。

（3）相关水域水上作业和过往船舶采取积极的应对措施，如回港避风或者绕道航行等。

（4）加固门窗、围板、棚架、广告牌等易被风吹动的搭建物，切断危险的室外电源。

2. 黄色

24小时内可能或者已经受热带气旋影响，沿海或者陆地平均风力达8级以上，或者阵风10级以上并可能持续。防御指南：

（1）政府及相关部门按照职责做好防台风应急准备工作。

（2）停止室内外大型集会和高空等户外危险作业。

（3）相关水域水上作业和过往船舶采取积极的应对措施，加固港口设施，防止船舶走锚、搁浅和碰撞。

（4）加固或者拆除易被风吹动的搭建物，人员切勿随意外出，确保老人小孩留在家中最安全的地方，危房人员及时转移。

3. 橙色

12小时内可能或者已经受热带气旋影响，沿海或者陆地平均风力达10级以上，或者阵风12级以上并可能持续。防御指南：

（1）政府及相关部门按照职责做好防台风抢险应急工作。

（2）停止室内外大型集会，停课、停业（除特殊行业外）。

（3）相关应急处置部门和抢险单位加强值班，密切监视灾情，落实应对措施。

（4）相关水域水上作业和过往船舶应当回港避风，加固港口设施，防止船舶走锚、搁浅和碰撞。

（5）加固或者拆除易被风吹动的搭建物，人员应当尽可能在防风安全的地方，当台风中心经过时风力会减小或者静止一段时间，切记强风将会突然吹袭，应当继续留在安全处避风，危房人员及时转移。

（6）相关地区应当注意防范强降水可能引发的山洪、地质灾害。

4. 红色

6小时内可能或者已经受热带气旋影响，沿海或者陆地平均风力达12级以上，或者阵风达14级以上并可能持续。防御指南：

（1）政府及相关部门按照职责做好防台风应急和抢险工作。

（2）停止集会、停课、停业（除特殊行业外）。

（3）回港避风的船舶要视情况采取积极措施，妥善安排人员留守或者转移到安全地带。

（4）加固或者拆除易被风吹动的搭建物，人员应当在防风安全的地方。

（5）相关地区应当注意防范强降水可能引发的山洪、地质灾害。

（6）台风期间尽量不要外出。

（7）台风中不能在4层以下高度的房子里。若真的被迫在城市办公楼等高层建筑中避难，远离窗户，躲在中上部楼层中的小隔间里，并准备好充足的水、食物。离开家时要关闭水、电、煤气。

五、应对雷击

（一）基本概述

雷击云层之间的放电对飞行器有危害，对地面上的建筑物和人、畜影响不大，但云层对大地的放电，则对建筑物、电子电气设备和人、畜危害甚大。一旦对万物造成危害都可以称为被雷击。

（二）预防措施

1. 室内预防

雷雨天气的时，如果正在家里，也要注意预防雷电的灾害，最科学的方法是在家安装避雷器，也可以按如下方法预防。

（1）打雷时，首先要做的就是关好门窗，离开进户的金属水管和与屋顶相连的下水管等。

（2）尽量不要拨打、接听电话，或使用电话上网，应拔掉电源和电话线及电视天线等可能将雷击引入的金属导线。

（3）在雷雨天气不要使用太阳能热水器洗澡。

（4）不要将晒衣服、被褥用的铁丝接到窗外、门口、以防铁丝引雷。

（5）不要在孤立的凉亭、草棚避雨久留，注意避开电线，不要站在灯泡下，最好是断电或不使用电器。

2. 户外防雷

（1）遇雷雨天气时，不要站着，应蹲下降低高度，同时两脚并拢减少跨步电压带来的危害。

（2）不要站在大树下，不能用手摸扶大树，因为这时潮湿的树干已变成了一个引雷装置，最好离大树5m外。

（3）不要在水边和洼地停留，切勿站在楼顶、山顶，或接近其他易导电的物体，应迅速到干燥的室内避雨，如找不到房子应就近到山间或山岩下避雨。

（4）不要拿着金属物品在雷雨中停留，随身所带的金属物品应放在5m外的地方；在雷雨中不宜打伞，也不宜将羽毛球拍等扛在肩上。

（5）雷暴天气出门要穿胶鞋，这样可以起到绝缘作用，也不宜开摩托车、骑自行车，人在汽车内一般不会遭到雷电袭击，因为封闭的金属导体有很好的防雷功能，要注意不要将头和手伸出窗外。

（三）应急要点

（1）炎热的天气，加上午后的雷雨，增加了触电事故发生的概率。夏日极易发生触电事故，一则由于天气潮热多雨，同时人体分泌大量的汗液，这种情况下使用电器容易导电；另外，由于雷雨增多，在室外也要注意防雷。

（2）注意关闭门窗，室内人员应远离门窗、水管、煤气管等金属物体。

（3）关闭家用电器，拔掉电源插头，防止雷电从电源线入侵。

（4）在室外时，要及时躲避，不要在空旷的野外停留。在空旷的野外无处躲避时，应尽量寻找低洼之处（如土坑）藏身，或者立即下蹲，降低身体的高度。

（5）远离孤立的大树、高塔、电线杆、广告牌。

（6）立即停止室外游泳、划船、钓鱼等水上活动。

（7）如多人共处室外，相互之间不要挤靠，以防被雷击中后电流传导。

（四）专家提示

（1）高大建筑物上必须安装避雷装置，防御雷击灾害。

（2）在户外不要使用手机。

（3）对被雷击中人员，应立即采取心肺复苏法抢救。

（4）雷雨天尽量少洗澡，太阳能热水器用户切忌洗澡。

（五）急救（救治）方法

（1）伤者就地平卧，松解衣扣、胸罩、腰带等。

（2）立即口对口呼吸和胸外心脏按压，坚持到病人醒来为止。

（3）手导引或针刺人中、十宣、涌泉、命门等穴。

（4）送医院急救。

六、应对冰雪灾害

（一）基本概述

冰雪灾害由冰川引起的灾害和积雪、降雪引起的雪灾两部分组成。冰雪灾害对工程设施、交通运输和人民生命财产造成直接破坏，是比较严重的自然灾害。冰雪灾害多发生在山区，一般对人身和工农业生产的直接影响不大。其最大危害是对公路交通运输造成影响，由此造成一系列的间接损失。

（二）灾害分类

1. 冰雪洪水

冰川和高山积雪融化形成的洪水，其形成与气象条件密切相关，每年春季气温升高，积雪面积缩小，冰川冰裸露，冰川开始融化，沟谷内的流量不断增加；夏季，冰雪消融量急剧增加，形成夏季洪峰；进入秋季，消融减弱，洪峰衰减；冬季天寒地冻，消融终止，沟谷断流。冰雪融水主要对公路造成灾害。在洪水期间冰雪融水携带大量泥沙，对沟口、桥梁等造成淤积，导致涵洞或桥下堵塞，形成洪水漫道，冲淤公路。

2. 冰川泥石流

冰川消融使洪水挟带泥沙、碎石混合流体而形成的泥石流。

青藏高原上的山系，山高谷深，地形陡峻，又是新构造活动频繁的地区，断裂构造纵横交错，岩石破碎，加之寒冻风化和冰川侵蚀，在高山河谷中松散的泥沙、碎石、岩块十分丰富，为冰川泥石流的形成奠定了基础。在藏东南地区，冰川泥石流活动频繁，尤其在川藏公路沿线，危害极大。

3. 强暴风雪

降雪形成的深厚积雪以及异常暴风雪。由大雪和暴风雪造成的雪灾由于积雪深度大、影响面积广，危害更加严重。

4. 风吹雪

大风携带雪运行的自然现象，又称风雪流。积雪在风力作用下，形成一股股携带着雪的气流，粒雪贴近地面随风飘逸，被称为低吹雪；大风吹袭时，积雪在原野上飘舞而起，出现雪雾弥漫、吹雪遮天的景象，被称为高吹雪；积雪伴随狂风起舞，急骤的风雪弥漫天空，使人难以辨清方向，甚至把人刮倒卷走，称为暴风雪。风吹雪的灾害危及到工农业生产和人身安全。

风吹雪对农区造成的灾害，主要是将农田和牧场大量积雪搬运他地，使大片需要积雪储存水分、保护农作物墒情的农田、牧场裸露，农作物及草地受到冻害；风吹雪在牧区造成的灾害主要是淹没草场、压塌房屋、袭击羊群、引起人畜伤亡；风吹雪对公路造成危害。

（三）预防措施

为防治冰雪融水对公路造成危害，主要是在沟内采取适当的拦挡措施，构筑混凝土坝、格栅坝等，一方面可阻挡泥沙碎石出沟，另一方面被拦挡的物质堆积起来后还可起到稳定沟床和沟坡、减少泥沙侵蚀的作用。

此外，对经常淤积的桥涵进行适当的工程改造，扩大桥涵孔径，增加排泄能力。对于冰川泥石流的防治措施主要是在沟内采取拦挡措施，通过拦挡，消减泥石流对沟外设施的冲击破坏，使少量出沟的泥沙顺利排泄，减轻灾害。另一方面，沟内被拦挡的泥沙石块回淤后，亦可起到稳定沟床和沟坡的作用，减少沟内来沙量。在泥石流特别严重的沟内，还可设置数道拦挡坝进行堵截。

预防冰雪灾害措施关键是要在作好天气预报的基础上，预先采取防护措施，如疏导牲畜，转移牧民，采取一些保温防冻措施等。另外，对草场牧区、厂矿企业及道路交通等要进行全面规划，在设置上要布局合理，利于及时疏导转移。

（四）应急要点

（1）非机动车驾驶员应给轮胎少量放气，增加轮胎与路面的摩擦力。

（2）冰雪天气行车应减速慢行，转弯时避免急转以防侧滑，踩刹车不要过急过死。

（3）在冰雪路面上行车，应安装防滑链，佩戴有色眼镜或变色眼镜。

（4）路过桥下、屋檐等处时，要迅速通过或绕道通过，以免上结冰凌因融化突然脱落伤人。

（5）在道路上撒融雪剂，以防路面结冰；及时组织扫雪。

（五）应对措施

为了能在灾害不期而至的时候把灾害的影响和损失降到最低水平，要在以下几个方面做出努力。

（1）建立完善的灾害预报系统。及时对将要发生的灾害进行准确的预报，是防灾减灾最重要的组成部分。及时准确的预报，能使广大人民群众提前做好物质和精神上的准备，以便灾害到来时能够从容应对。在这方面许多国家都有成功的经验，例如德国在20世

纪90年代就成立了由气象、电力、交通等部门组成的灾害防治中心，对强降雪灾害及其他紧急情况进行预测和监测。

（2）加强向市民宣传防灾减灾知识的力度。使民众能够充分了解针对各类灾害的自我防护方法，在等待救援的过程中，能够发挥主观能动性，通过自救和相互救助尽量保护生命财产的安全，而不是不知所措被动地等待救援。

（3）完善灾害应对体系建设。这一点也是最为重要的，直接关系到一个国家抗击灾害的能力。国家要建立一整套完善的灾害应对机制，各级政府都要建立相应的机构。目前，人民防空的工作职能正在向战时防空袭、平时防灾的民防功能转换，因此防灾减灾就成为人防部门一项十分重要的工作之一，可以将防灾减灾机构建立到各级人防部门，形成一个应急指挥网络。人防部门要发挥自己的部门优势，在普及人防知识的过程中加入防灾减灾的内容，并合理安排资金，购置防灾设备、储备防灾物资，在应急预案的指导下定期进行防灾演练。

（4）在平时的基础建设中（包括电力、铁路、公路交通等），要充分考虑到各种灾害可能带来的影响。要有超前意识，陈旧的设备必须及时更换，结构抗力等级要能够满足50年甚至上百年一遇灾害的考验。

（六）专家提示

（1）老人及体弱者应避免出门。

（2）能见度在50米以内时，机动车最高时速不得超过每小时30千米，并保持车距。

（3）发生交通事故后，应在现场后方设置明显标志，以防二次事故。

七、应对沙尘暴

（一）基本概述

沙尘暴（sand duststorm）是沙暴（sandstorm）和尘暴（duststorm）两者兼有的总称，是指强风把地面大量沙尘物质吹起并卷入空中，使空气特别混浊，水平能见度小于1km的严重风沙天气现象。其中沙暴指大风把大量沙粒吹入近地层所形成的挟沙风暴；尘暴则是大风把大量尘埃及其他细颗粒物卷入高空所形成的风暴。沙尘暴是指强风将地面尘沙吹起使空气很混浊，水平能见度小于1km的天气现象。沙尘暴天气主要发生在冬春季节，这是由于冬春季干旱区降水甚少，地表异常干燥松散，抗风蚀能力很弱，有大风刮过时，就会将大量沙尘卷入空中，形成沙尘暴天气。

（二）沙尘暴形成的主要条件

（1）地面上的沙尘物质是形成沙尘暴的物质基础。

（2）大风是沙尘暴形成的动力基础，也是沙尘暴能够长距离输

送的动力保证。

（3）不稳定的空气状态是重要的局地热力条件。沙尘暴多发生于午后傍晚，说明局地热力条件的重要性。

（三）沙尘暴的分类

沙尘暴分为浮尘、扬沙、沙尘暴和强沙尘暴四类。

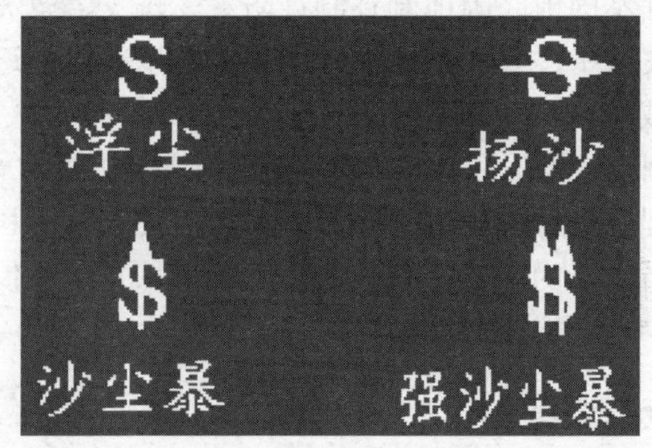

（1）浮尘。尘土、细沙均匀地浮游在空中，使水平能见度小于10km的天气现象。

（2）扬沙。风将地面尘沙吹起，使空气相当混浊，水平能见度在1～10km以内的天气现象。

（3）沙尘暴。强风将地面大量尘沙吹起，使空气很混浊，水平能见度小于1km的天气现象。

（4）强沙尘暴。大风将地面尘沙吹起，使空气模糊不清，浑浊不堪，水平能见度小于500m的天气现象。

（四）沙尘暴等级

（1）4级≤风速≤6级，500m≤能见度≤1000m，称为弱沙尘暴。

（2）6级≤风速≤8级，200m≤能见度≤500m，称为中等强度沙尘暴。

（3）风速≥9级，50m≤能见度≤200m，称为强沙尘暴。

（4）当其达到最大强度（瞬时最大风速≥25m/s，能见度≤50m，甚至降低到0m）时，称为特强沙尘暴（或黑风暴，俗称“黑风”）。

（五）防治措施

（1）加强环境保护，把环境保护提到法制的高度来。

（2）恢复植被，加强防止风沙尘暴的生物防护体系。实行依法保护和恢复林草植被，防止土地沙化进一步扩大，尽可能减少沙尘源地。

（3）根据不同地区因地制宜制订防灾、抗灾、救灾规划，积极推广各种减灾技术，并建设一批示范工程，以点带面逐步推广，进一步完善区域综合防御体系。

（4）控制人口增长，减轻人为因素对土地的压力，保护好环境。

（5）加强沙尘暴的发生、危害与人类活动关系的科普宣传，使人们认识到所生活的环境一旦破坏，就很难恢复，不仅加剧沙尘暴等自然灾害，还会形成恶性循环。

（六）应急要点

（1）及时关闭门窗，必要时可用胶条对门窗进行密封。

（2）外出时要戴口罩，用纱巾蒙住头，以免沙尘侵害眼睛和呼吸道。

（3）机动车和非机动车应减速慢行，密切注意路况，谨慎驾驶。

（4）妥善安置易受沙尘暴损坏的室外物品。

（七）专家提示

（1）发生强沙尘暴天气时不宜出门，尤其是老人、儿童及患有呼吸道过敏性疾病的人。

（2）平时要做好防风防沙的各项准备工作。

八、应对泥石流

（一）基本概述

泥石流是指在山区或者其他沟谷深壑，地形险峻的地区，因为暴雨、暴雪或其他自然灾害引发的山体滑坡并携带有大量泥沙以及石块的特殊洪流。泥石流具有突然性以及流速快、流量大、物质容

量大和破坏力强等特点。发生泥石流常常会冲毁公路、铁路等交通设施，甚至冲毁村镇等，造成巨大损失。

（二）泥石流灾害特点

泥石流是一种自然灾害，是山区特有的一种自然地质现象。由于降水（包括暴雨、冰川、积雪融化水等）产生在沟谷或山坡上，夹带大量泥沙、石块等固体物质，运动过程介于山崩、滑坡和洪水之间，是各种自然因素（地质、地貌、水文、气象等）、人为因素综合作用的结果。泥石流灾害的特点是规模大、危害严重；活动频繁、危及面广；重复成灾。一般情况下，泥石流的发生有3个条件，即大量降雨、大量碎屑物质、山间或山前沟谷地形。

（三）预防措施

（1）房屋不要建在沟口和沟道。

（2）不能把冲沟当成垃圾排放场。

（3）保护和改善山区生态环境。

（4）雨季不要在沟谷中长时间停留。

（5）泥石流监测预警。

（6）对城镇、村庄、厂矿上游的水库和尾矿库经常进行巡查，发现坝体不稳时，要及时采取避灾措施，防止坝体溃决引发泥石流灾害。

（四）应急要点

（1）发现有泥石流迹象，应立即观察地形，向沟谷两侧山坡或高地跑。

（2）逃生时，要抛弃一切影响奔跑速度的物品。

（3）不要躲在有滚石和大量堆积物的陡峭山坡下面。

（4）不要停留在低洼的地方，也不要攀爬到树上躲避。

（五）专家提示

（1）泥石流发生前的迹象：河流突然断流或水势突然加大，

并夹有较多柴草、树枝；深谷或沟内传来类似火车轰鸣或闷雷般的声音。

（2）沟谷深处突然变得昏暗，并有轻微震动感等。

（3）去山地游玩时，要选择平整的高地作为营地，尽可能避开河（沟）道弯曲的凹岸或地方狭小高度又低的凸岸。

（4）切忌在沟道处或沟内的低平处搭建宿营棚。当遇到长时间降雨或暴雨时，应警惕泥石流。

（六）脱险方法

（1）沿山谷徒步行走时，一旦遭遇大雨，发现山谷有异常的声音或听到警报时，要立即向坚固的高地或泥石流的旁侧山坡跑去，不要在谷地停留。

（2）一定要设法从房屋里跑出来，到开阔地带，尽可能防止被埋压。

（3）发现泥石流后，要马上与泥石流成垂直方向一边的山坡上面爬，爬得越高越好，跑得越快越好，绝对不能向泥石流的流动方向走。发生山体滑坡时，同样要向垂直于滑坡的方向逃生。

（4）要选择平整的高地作为营地，尽可能避开有滚石和大量堆积物的山坡下面，不要在山谷和河沟底部扎营。

（七）自救互救方法

（1）应在滑坡隐患区附近提前选择几处安全的避难场地。避灾场地应选择在易滑坡两侧边界外围。在确保安全的情况下，离原居住处越近越好，交通、水、电越方便越好。

（2）在重新入住之前，应注意检查屋内水、电、煤气等设施是否损坏，管道、电线等是否发生破裂和折断，如发现故障，应立刻修理。

（3）不要慌张，尽可能将灾害发生的详细情况迅速报告相关政府部门和单位。做好自身的安全防护工作。

（4）向滑坡方向的两侧逃离，并尽快在周围寻找安全地带。当无法继续逃离时，应迅速抱住身边的树木等固定物体。

（5）注意路上随时可能出现的各种危险，如掉落的石头、树枝等。查看清楚前方道路是否存有塌方、沟壑等，以免发生危险。

（6）可以马上参与营救其他遇险者，不要在滑坡危险期未过就回发生滑坡的地区居住，以免再次滑坡。滑坡已经过去，在确认自家的房屋远离滑坡区域、完好安全后，方可进入。

（7）将滑坡体后缘的水排干，从滑坡体的侧面开始挖掘。先救人，后救物。

（8）野外露宿时避开陡峭的悬崖和沟壑，野外露宿时避开植被稀少的山坡，非常潮湿的山坡也是滑坡可能发生的地区。

（9）遇到山体崩滑时，可躲避在结实的遮蔽物下，或蹲在地坎、地沟里。应注意保护好头部，可利用身边的衣物裹住头部。

（10）非要外出时，一定要远离滑坡多发区。

（11）检查房屋地下室的墙上是否存有裂缝、裂纹，观察房屋周围的电线杆是否有朝向一方倾斜的现象，房屋附近的柏油马路是否已发生变形。

（12）由地质专家实地进行考察勘测后再行撤离。

（13）发现河谷里已有泥石流形成，应及时通知大家转移。在逃离过程中，应照顾好老弱病残者。

（14）露宿时避开有滚石和大量堆积物的山坡下面，可露宿在平整的高地。

（八）灾后防病

1. 常见疾病

发生泥石流以后，灾区的卫生条件差，特别是饮用水的卫生难以得到保障，首先要预防的是肠道传染病，如霍乱、伤寒、痢疾、甲型肝炎等。另外，人畜共患疾病和自然疫源性疾病也是洪涝期间极易发生的，如鼠媒传染病（钩端螺旋体病、流行性出血热）、寄生虫病（血吸虫病）、虫媒传染病（疟疾、流行性乙型脑炎、登革热）等。灾害期间还常见皮肤病、浸渍性皮炎（“烂脚丫”、“烂裤裆”)、虫咬性皮炎、尾蚴性皮炎。意外伤害有：溺水、触电、中暑、外伤、毒虫咬螫伤、毒蛇咬伤、食物中毒、农药中毒等。

2. 注意事项

专家提醒，泥石流和水灾后易出现疫情，灾区群众应注意预防传染病。注意饮食和饮水卫生，养成良好的生活习惯是预防传染病的关键。灾区群众要把好“病从口入”关，不要喝生水，饭前便后要洗手，不用脏水漱口或洗瓜果蔬菜，不要食用发霉、腐烂的食物，淹死、病死的家禽家畜要深埋，掌握“勤洗手、喝开水、吃熟食、趁热吃”的防病口诀。同时要注意搞好环境卫生，不要随地大小便，及时清理粪便和垃圾，不能直接用手接触死鼠及其排泄物；此外，室外活动时要尽量穿长衣裤，扎紧裤腿和袖口，防止蚊虫叮咬，暴露在外的皮肤可涂抹驱蚊剂。灾区群众要积极配合卫生防疫人员的消毒工作，在外劳动时应注意防止皮肤受伤。

第二节　大型公共活动时的安全

一、大型公共活动的特点

1. 参加大型活动的人员数量较多

大型活动往往是有组织、有计划、有领导的集体公共活动，就高等院校而言，参加活动超过200人的公共活动一般就可视为大型公共活动。由于参加人员众多，而且大型公共活动的地点又相对固定，人员密集程度高，一旦发生突发事件，人身财产损失往往很大。

2. 参加人员集中，活动范围受限制

多数情况下，大型公共活动是在一定区域内举行的，如在各种大型会议室内、体育场馆或比较开阔的场内等举行。众多的参加人集中在有限的范围内，一旦发生意外的突发事件，人员混乱拥挤，

疏散不便，秩序难以控制，对人身安全就会形成较大威胁，严重者还会造成群死群伤事故。

3. 参加人员结构复杂，大多没有特定关系

大型公共活动的参加人员即使来自同一系统、同一部门或同一单位，由于人们的性格差异，其思想品质和道德修养也参差不齐，而且相互之间绝大部分也都不甚了解，容易产生矛盾、摩擦，一旦有矛盾激化升级或个别人寻衅滋事，就有可能引起群体纠纷、殴斗、骚乱等治安事件。

二、大型公共活动发生伤害事件的原因

（1）学校未对学生进行必要的安全教育、带队教师疏于管理、学生不遵守活动纪律擅自活动或离队。

（2）租用的车辆车容、车况差，安全性能差，驾驶员疲劳驾车，超载，超速，随意变道，闯禁令标志或驾驶技术不熟练、应变能力差。

（3）活动场所的设施、设备、器械（具）等存在隐患，不符合国家安全标准及食品卫生标准等。

三、大型公共活动发生伤害事件时的应对

（一）防范措施

（1）学校和活动承办单位要加强对活动期间卫生防疫与安全工作的领导，成立专门的安全领导小组，明确相关责任，切实落实各项卫生防疫与安全措施。在组织、举行学生校外活动前，学校和承办单位应在卫生、公安、消防、交通、消防等有关部门的指导下制订计划、成立事故发生应急处理小组和突发事件应急预案，明确组织管理机构职责、具体应急措施。加强对活动全程的监督，确定信息报告人和信息报告的程序。

（2）学校要加强宣传，强化管理，严格纪律，实行全程带队的领队负责制。活动前，学校要专门开展预防传染病、食物中毒、交

通安全及其他安全知识的宣传教育，增强参加活动人员的安全意识和自我保护、救护能力。要配备专职教师，一般20～30人配1名教师，并建立必要的组织网络和通信网络。参加集体食宿的所有人员在活动期间必须服从组委会的统一安排，未经组委会同意，不得擅自在外食宿。

（3）学校和承办单位要安排专人负责卫生防疫与食品卫生安全管理工作，并督促各项制度和措施的落实。大型活动需要的盒饭、点心、饮料等食品必须在卫生、工商等部门公示的专业企业中定购，保证外加工食品的卫生与安全。学校在组织学生异地参加军训、实践、游览、参观等活动时，需要在外就餐的，必须事先查看就餐地点，查验工商营业执照、卫生许可证（包括食堂和小卖部等）以及从业人员健康和培训证明、饮水卫生合格证及检验报告等，并将就餐地点和人数告知当地教育部门及卫生监督部门，经卫生部门认可后，方可组织学生就餐，确保活动的环境、饮食、饮水的卫生安全。

（4）学校和承办单位要积极配合公路、铁路、民航、卫生、公安等部门，落实各项防范措施，确保参加活动人员途中和活动期间的身体健康和生命安全，防止交通事故和其他意外安全事故。要精心选择活动的路线和车辆，确保途中交通安全。要认真检查活动场所，确保安全通道的畅通，防止人群拥挤踩踏事故；确保有关设备、设施符合卫生与安全要求，特别是公共场地的电器，消防设施，运动器材，高压、高温设备及参加活动人员生活设施等重点部位和环节的安全检查。

（二）处理程序

一旦在大型公共活动期间发生事故，应遵循以下程序处理。

（1）及时报告和报警。

① 一旦发生事故，活动领导小组要立即向当地相关部门报告，寻求帮助。同时向学校报告，学校领导应立即赶赴事故现场，同时在第一时间内向教育局有关部门报告。

② 报告中要具体汇报事故发生的时间、地点、人员情况、事故原因及处理情况。对于发生事故原因不明的可在后续报告中说明情况。事故处理的进展在后续报告中说明。

（2）学校和承办单位应根据现有条件和能力及时采取措施救护患病或受伤人员，同时以最快方式将人员紧急送至附近医院，积极配合卫生部门对患病或受伤人员进行救治。

（3）学校和活动领导小组迅速收集有关事故信息，做好相应的记录及有关现场、证据的保存工作。活动的组织网络和通信网络应在第一时间发挥作用，在最短的时间内相互联系并及时作情况汇总。

（4）学校和活动领导小组要组织力量疏散人群，有条件的要及时运送活动人员回学校或去安全的地方。

（5）及时联系患病或受伤人员的家属（学生家长），做好安抚工作。

（6）落实公安、卫生、教育等行政部门要求采取的措施，控制事态，减少社会影响。

（7）如果事故是校方管理和学生自身原因引起的，可参照《校内学生意外伤害事故处理程序》开展工作；如果事故发生在车辆行驶途中或车辆上，可参照《校车交通事故的应急处理程序》开展工作；如果事故是由活动场所器械（具）、设施、设备引起的，学校要与活动场所、活动承办单位交涉，并配合进行善后处理。

（8）学校要在事件发生后及时做好随访工作。在发生传染病疫情或疑似疫情以及疑似食物中毒或食源性疾患事件后，要做好隔离和排摸调查，以防病情蔓延和治疗延迟。安排专人做好患病或受伤人员家属（学生家长）的解释工作，并及时将有关情况书面报告教育局。

（9）及时通知保险机构介入。

（10）必要时公安介入。

第三节　求救和急救

一、求救

（一）紧急呼救

1. 110、119、122报警台

（1）110报警台受理群众报警范围。刑事案件，治安案（事）件，危及人身、财产安全或者社会治安秩序的群体性事件，自然灾害、治安灾害事故，其他需要公安机关处置的与违法犯罪有关的报警。

（2）119报警台受理群众报警范围。火灾事故，事故抢险，灾害救援等。

（3）122报警台受理群众报警范围。一般道路交通事故，道路清障等。

2. 120医疗急救

120是医疗急救中心求助电话，拨打时请注意以下几点。

（1）呼救时，尽可能说清病人的所在方位、年龄、性别和病情。

（2）尽可能说明病人典型的发病表现，如胸痛、呕吐、呼吸困难等。

（3）尽可能说明病人患病或受伤的时间。如果是意外伤害，要说明伤害的性质，如火灾、中毒、交通事故等。

（4）尽可能说明特殊需要，并了解清楚救护车到达的大致时间。

（二）求救信号

（1）火光信号。国际通用的火光信号是燃放三堆火焰。火堆摆成三角形，每堆之间的间隔相等最为理想。保持燃料干燥，一旦有飞机路过，尽快点燃求助。尽量选择在开阔地带点火。

（2）浓烟信号。在白天，浓烟升空后与周围环境形成强烈对比，易被发现。在火堆中添加绿草、树叶或蕨类植物都能产生浓烟；潮湿的树枝、草席、坐垫可熏烧更长时间。

（3）旗语信号。将一面旗子或一块色泽鲜艳的布料系在木棒上，挥棒时，在左侧长划，右侧短划，作“8”字形运动。

（4）声音信号。如距离较近，可大声呼喊求救，三声短三声长，再三声短，间隔1分钟后重复。

（5）反光信号。利用阳光和反射镜即可发出信号光求救。如没有镜子，可利用罐头瓶盖、玻璃、金属片等来反射光线。持续的反射将产生一条长线和一个圆点，引人注目。

（6）信息信号。遇险人员转移时，应留下一些信号物，以便救援人员发现。比如，在地上放置一根分杈的树枝，用分点点指向行动方向；用小石块垒成大石堆，在边上再放一小石块，指示行动方向等。

二、常见急症的救护

（一）烧伤、烫伤的救护

1. 烧伤的处理

（1）衣服着火时应该立即灭火，可以用棉被覆盖，也可以就地打滚。灭火后立即脱掉衣服，必要时可以把衣物剪开。

（2）用大量冷水冲洗烧伤创面，让疼痛消失或减轻。创面有水泡时，不要弄破，要用干净纱布包裹，不要随便涂药。手脚被烧伤时，手指、脚趾要分开包扎。

（3）大面积烧伤时，可以隔着衣服用水冲20分钟左右，然后轻轻剪去衣服，用干净纱布包裹，马上送到医院抢救。

（4）重度烧伤要在8小时内送到医院，运送途中要输液，并采取抗休克措施。如果被化学品烧伤，一般情况下必须用大量冷水冲洗。

（5）被电烧伤后，对呼吸心跳骤停的病人应该先做心肺复苏，再处理创面，送医院救治。

2. 烫伤的处理

（1）烫伤后，一般情况下，应立即把烫伤部位浸入洁净的冷水中。水温越低越好，浸泡时间应持续半小时以上。

（2）烫伤部位与衣服相连时，不要脱下衣服，连同衣服一起冷却后，再轻轻脱去或剪开。

（3）如果烫伤部位出现水泡，不要挑破，用干净纱布覆盖，再用绷带包扎好。

（4）大面积烫伤或严重烫伤的人，创面不要涂药，用消毒敷料或干净床单简单包扎后立即送医院治疗。

（5）野外烫伤时，可把烫伤部位浸在河湖池塘等水中，但要确保水质。

（二）溺水的救护

1. 自救方法

如果自己不熟悉水性意外落水，附近又无人救助时，首先应保持镇静，千万不要手脚乱蹬拼命挣扎，这样只能使体力过早耗尽、身体更快地下沉。正确的自救做法是：落水后立即屏住呼吸，踢掉鞋子，放松肌体等待浮出水面，因为肺脏就像一个大气囊，人体在水中经过一段下落后会自动上浮。当感觉开始上浮时，应尽可能保持仰位，使头部后仰。只要不胡乱挣扎，人体在水中就不会失去平衡，这样人的口鼻将最先浮出水面，可以进行呼吸和呼救。呼吸时尽量用嘴吸气、用鼻子呼气，以防呛水。

2. 急救措施

（1）首先应清除溺水者口中、鼻内的污泥、杂草等异物，取下活动的义齿，以免坠入气管。保持呼吸道畅通，解开紧裹胸壁的内衣、腰带等，使呼吸运动不受外力束缚。这个过程应快速完成。

（2）对于尚有心跳呼吸，但有明显呼吸道阻塞的溺水者，先行排水处理，方法是：救助者一腿跪地一腿屈膝，将溺水者腹部置于屈膝的大腿上，使其头部下垂，然后拍其背部使口咽部及气管内的水排出。排水处理应尽可能缩短时间，动作要敏捷，如果排出的水不多，绝不可为此多耽误时间而影响其他抢救措施。

（3）如判断溺水者呼吸、心跳已停止，在保持呼吸道通畅的条件下，立刻进行口对口人工呼吸和胸外心脏按压。人工呼吸在最初向溺水者肺内吹气时必须用大力，以便使气体加压进入灌水萎缩的肺内，尽早改善窒息状态。在现场抢救的同时应迅速请医务人员到场参与抢救。经现场初步急救后，应迅速转送附近医院。在转送途中口对口人工呼吸和胸外心脏按压不应间断。

（4）经现场急救溺水者心跳呼吸恢复以后，可脱去湿冷的衣物以干爽的毛毯包裹全身保暖；如果在寒冷的天气或经长时间的水中浸泡，在保暖的同时还应给予加温处理，将热水袋放入毛毯中，注意防止烫伤。

（三）冻伤的救护

1. 急救措施

（1）对局部冻伤的急救要领是一点一点地、慢慢地用与体温一样的温水浸泡患部使之升温。如果仅仅是手冻伤，可以把手放在自己的腋下升温。然后用干净纱布包裹患部，并去医院治疗。

（2）全身冻伤，体温降到20℃以下就很危险。此时一定不要睡觉，强打精神并振作活动是很重要的。

（3）当全身冻伤者出现脉搏、呼吸变慢，就要保证呼吸道畅通，并进行人工呼吸和胸外心脏按压。要渐渐使身体恢复温度，然后速去医院。

2. 注意事项

（1）对局部冻伤的急救目的是使冷结的体液恢复正常。因此，若能使患部周围变温暖，很快可以治愈。禁止把患部直接泡入热水中或用火烤，这样会使冻伤加重。按摩会引起感染，最好不要按摩。

（2）用茄子秸或辣椒秸煮水，洗容易冻伤的部位，或用生姜擦局部皮肤，有预防冻伤的作用。

（四）中暑的救护

1. 急救措施

高温中暑常发人群为高温作业工人、夏天露天作业工人、夏季旅游者、老年人、长期卧床不起的人、产妇和婴儿。若有人员中暑，其急救办法为以下几点。

（1）立即将病人移到通风、阴凉、干燥的地方，如走廊、树阴下。

（2）让病人仰卧，解开衣扣，脱去或松开衣服。如衣服被汗水湿透，应更换干衣服，同时开电扇或开空调，尽快散热。

（3）尽快冷却体温，降到38度以下。具体做法有用凉湿毛巾冷敷头部、腋下以及腹股沟等处；用温水或酒精擦拭全身；冷水浸浴15～30min。

（4）意识清醒的病人或经过降温清醒的病人可饮服绿豆汤、盐水等来解暑。

（5）服用人丹和藿香正气水。对于重症中暑病人，要立即拨打120，请求医务人员紧急救治。

2. 注意事项

人在中暑之后常常很虚弱，在恢复过程中，应吃些较为清淡、容易消化的饮食，补充必要的水分、盐、热量、维生素、蛋白质等。中暑后不要大量饮水，中暑患者应采用少量、多次的饮水方法，每次以不超过300毫升为宜，切记狂饮。因为大量饮水不仅会冲淡胃液，影响消化功能，还会引起反射性排汗亢进，使体内水分和盐分进一步大量流失，严重时可导致热痉挛。中暑后还应该注意不要大量食用生冷瓜果，中暑患者大多脾胃虚弱，大量食用生冷食物和寒性食物会进一步损伤脾胃阳气，重者会出现腹泻、腹痛等症状。中暑后应少吃油腻食物，以适应夏季肠胃的消化功能。

三、常用的急救方法

（一）急救包扎法

1. 绷带包扎法

（1）环形包扎法。环形包扎法用于包扎肢体粗细均匀的部位，如手腕、小腿下部和额部等，也是其他包扎法的开始或结束时使用的包扎法。包扎时，先张开绷卷带，把带头斜放在伤肢上并用拇指压住，将卷带绕肢体一圈后，再将带头的一个小角反折，然后继续绕圈包扎，每圈都盖住第一圈，包扎3～4圈即可。

（2）螺旋形包扎法。螺旋形包扎法用于包扎肢体粗细相差不大的部位，如上臂、大腿下部等。包扎时先做2～3圈环形包扎，然后将绷带向上斜形缠绕。每圈都盖住前一圈的1/2～2/3。

（3）反折螺旋形包扎法。反折螺旋形包扎法用于包扎肢体粗细相差较大的部位，如前臂、小腿、大腿等。包扎时，先做2～3圈环形包扎后，用左拇指压住绷带上缘，将绷带向下反折，向后绕并拉紧绷带，每圈反折1次，后一圈压住前一圈的1/2～2/3。反折处不要在创口或骨突上。

（4）“8”字形包扎法。“8”字形包扎法多用于包扎肘、膝、踝等关节处。方法有两种：一是，先在关节处做几圈环形包扎后，将绷带斜形环绕，一圈在关节上方缠绕，一圈在关节下方缠绕，两圈在关节四面相交，反复进行，逐渐离开关节，每圈压住前一圈的1/2～2/3，最后在关节上方或下方做环形包扎结束；二是，先在关节下方做几圈环形包扎后，将绷带由下而上，再由上而下来回做“8”字形缠绕，使相交处逐渐靠拢关节，最后做环形包扎结束。

2. 三角巾包扎法

三角巾应用方便，适用于全身各部位的包扎，这里只介绍手、足和头部包扎法。

（1）手部包扎法。三角巾平铺，手指对向顶角，将手平放在三角巾的中央，底边横放于腕部。先将三角巾顶角向上反折，再将三角巾两底角向手腕背部交叉围绕一圈，在碗背打结。

（2）足部包扎法。足部包扎法与手部包扎法基本相同。

（3）头部包扎法。三角巾底边置于前额，顶角在后，将底边从前额绕制头后，压住顶角并打结。若底边较长，可在枕后交叉后再绕至前额打结。最后把顶角拉紧并向上翻转固定。

3. 前臂悬挂法

（1）大悬臂带。大悬臂带常用于除锁骨和肱骨骨折以外的其他上肢损伤。将三角巾的顶角置于伤肢的肘后，一底角拉向健侧肩上，伤肢屈肘90° 角。前臂放在三角巾的中央，再将三角巾的另一底角向上翻折并包住前臂，两底角在颈后打结。最后拉直顶角并向前折回，用胶布粘贴固定。

（2）小悬臂带。小悬臂带常用于肱骨或锁骨骨折。先将三角巾折叠成约四横指宽的宽带，也可用宽绷带或软布带代替。将宽带的中间置于前臂的下1/3处，屈肘90° 角，宽带的两端在颈后打结。

（二）止血法

据研究，健康成人平均每千克体重约有血液75毫升、总血量可达4000 ～ 5000毫升。若急性大出血达到全身总血量的20%，即可出现面色苍白、头晕、乏力、口渴等急性贫血的症状；若出血量超过全身血量的30%，将危及生命。因此，对外出血的伤员，尤其是大动脉出血的，必须立即止血；对疑似有内脏或颅内出血的伤员，应尽快送医院处理。这里主要介绍外出血的几种止血方法。

1. 绷带加压包扎法

用数层无菌敷料覆盖创口，再用绷带加压包扎，以压住出血的血管而达到止血效果，同时抬高伤肢。适用于小动脉、小静脉和毛细血管出血的止血。

2. 指压法

在动脉行走中最容易被压住的部位称为压迫点。指压法的要领是在出血部位的上方，在相应的压迫点上用拇指或其余四指把该动脉管压迫在邻近的骨面上，以阻断血液的来源而达到止血的目的。这是动脉出血时的一种临时止血法，所加压力必须持续到可以结扎血管或用止血钳夹住血管为止。常用的压迫止血法有以下四种。

（1）颞浅动脉压迫止血法。一手扶住伤员的头并将其固定，用另一手拇指在耳屏前上方一指宽处摸到搏动后，将该动脉压迫在颞骨上。适用于同侧前额部或源部出血的止血。

（2）面动脉压迫止血法。用于眼以下的面部出血。在下颌角前约2厘米处，将面动脉压在下颌骨上。有时需两侧同时压迫，才能止住血。

（3）锁骨下动脉压迫止血法。用于同侧肩部和上肢出血。在锁骨上窝、胸锁乳突肌下端后缘，将锁骨下动脉向下方压于第一肋骨上。

（4）肱动脉压迫止血法。用于同侧上臂下1/3、前臂和手部出血。在上臂内侧中点、肱二头肌内侧沟处，将肱动脉向外压在肱骨上。

（三）骨折固定法

由于外伤或骨组织的病变，骨头折断、变成碎块或发生裂纹，称为骨折。

1. 骨折的急救原则

骨折是一种严重的运动损伤，急救时要贯彻如下原则。

（1）防治休克。严重骨折、多发性骨折或同时合并其他损伤的伤员，易发生休克。急救时要注意预防休克，若有休克必须先抗休克，再处理骨折。

（2）就地固定。骨折后及时固定，可避免断端移动，防治加重损伤；固定后伤肢较为稳定与安静，可减轻疼痛，且便于伤员转运。因此，未经固定，不可随意移动伤员，尤其是大腿、小腿和脊柱骨折的伤员。

（3）先止血再包扎伤口。伤员有伤口出血时，应先止血，清洗创面，再包扎伤口并固定。

2. 急救固定法

（1）锁骨骨折固定法。先取3条三角巾并折叠成宽带，在双肩腋下填上棉团或软布团，然后用2条宽带分别绕过伤员两肩在背后打结，形成两个肩环，再用第3条宽带在背后穿过两个肩环，拉紧打结。

（2）肱骨干骨折固定法。用2块长短、宽窄适宜的有垫夹板，分别放在伤臂的内、外侧，屈肘90°角，用3～4条宽带将骨折处上下部缚好，再用小悬臂带把前臂挂在胸前，最后用宽带或三角巾将伤臂固定于体侧。

（3）前臂骨折固定法。用2块有垫夹板分别放在前臂的掌侧和背侧，前臂处中间位，屈肘90°角，用3～4条宽带缚扎夹板，再用大臂带把前臂挂在胸前。

（4）股骨骨折固定法。用2块长夹板放在伤肢的内、外侧，内侧夹板上至大腿根部，下至足跟；外侧夹板上至腋下，下达足跟。然后用5～8条宽带固定夹板，在外侧打结。

（5）小腿骨折固定法。用2块有垫夹板放在小腿的内、外侧，2块夹板上至大腿中部，下至足部，用45条宽带分别在膝上、膝下及踝部缚扎固定。

（6）脊柱骨折固定法。脊柱骨折，若固定与搬运方法不当，有引起脊髓压迫的危险，可立即发生四肢与躯干的高位截瘫，甚至引起死亡。因此，务必使头部固定于伤后位置，不屈、不伸、不旋转，数人协力把伤员搬至木板上，头部两侧用沙袋或卷起的衣服固定，用数条宽带把伤员缚扎在木板上，严禁头颈左右旋转与屈曲。

第十章　大学生就业安全

第一节　大学生就业面临的问题

随着我国高等教育大众化时代的到来，高等院校毕业生就业问题已成为社会关注的热点。大学生作为国家建设的后备人才，其顺利安全就业不仅关系到人才强国战略的落实，同时也关系到人民群众的根本利益，更是社会长治久安的一项重要工作。但在经济社会转型期，一些不法分子利用大学毕业生数量增加和就业压力增大的机会，巧设名目，设置求职陷阱，让求职大学生受到了许多就业的欺骗和损失。面对这些问题，大学生应在就业过程中要提高警惕，增强自我防范意识，实现平安就业。

一、人身安全

1. 踩踏事件

前几年，某些大型招聘会的主办方为了扩大影响，获取更多的经济利益，在媒体上大肆使用“万人招聘会”的字眼，以吸引更多的毕业生和用人单位入场。在这些大型招聘会上，出现过几千名大学生应聘一个岗位的情况，不仅双选效果差，同时还会发生安全问题，如毕业生与检票、保安人员发生冲突，砸毁招聘摊位，发生学生被踩伤、撞伤的情况。所以，现在各地都吸取经验教训，一般不再举办大型综合性的招聘会，改为举办一些分科类、分行业的中小型招聘会，以有效地解决参会人员过多带来的安全隐患。

2. 心理安全

就业压力的加大，使一部分毕业生存在就业心理障碍，表现为焦虑、恐惧、忧郁、冷漠、固执、暴躁、消沉等，情绪色彩十分强烈，如不积极加以疏导，极易导致各类安全问题。

二、财产安全

随着就业市场化的推进，招聘、求职活动日益复杂化，社会上的不法分子利用大学生求职心切和社会阅历较浅的特点，变相收取大学毕业生各种费用，甚至针对大学毕业生进行诈骗。

1. 收费陷阱

一些培训机构承诺大学生参加培训就能“保证就业”甚至“高薪就业”，实际上是陷阱重重。其一，收了培训费仍然无工作。有些培训机构以“高薪就业”、“保证就业”的名义引诱大学生交了培训费，但培训结束后，要么以种种理由不给安排就业，要么被推荐到一些工资待遇不高、层次较低的企业。其二，培训机构与用人单位联手坑害大学生。有些用人单位要求新进大学生必须经过某某机构培训，考核合格才能录用。花费不少的大学生经过培训，考核过关者却寥寥无几。即便考核过关被录用者也难逃厄运，仍会被以各种理由辞退。

一些中介公司利用毕业生急于找到工作、又苦于没有机会，从而寻求中介帮助的时机，打着给求职者介绍工作的旗号，收取求职者各种费用，如信息登记费、报名费、中介费、推荐费等，当它们填饱“钱袋”后就“人去楼空”。或者虚构一些职位引诱毕业生上钩，收取了费用后，随意从网络报纸杂志上摘抄一些招聘信息提供给求职者，要么同一些小公司串谋让毕业生去面试，最终都以毕业生自身能力不足为由，推脱其不能找到合适工作岗位的责任。这样的中介公司一般都是几个人、几张桌子、一间小屋，从业人员自身都没有很高的素质，根本不具备为大学毕业生找工作的能力。

虽然国家规定，严禁招聘单位在大学生就业过程中收取费用，但大学毕业生还是经常碰到用人单位的诱导收费情况。这些押金、考试费、手续费、工本费实际上是不需要支付的，因此，大学毕业生不要因为就业形势严峻就去盲目支付用人单位的变相费用。

案例1

马上要从服装学校毕业的中专生韩小花（化名）为了找到一个合适的工作，连日奔波于各类人才市场。这时候，一家企业招聘启事进入了她的视野，经过初步了解，这家公司提供的岗位是商场里的营业员，两个月的实习期间，月工资600元加提成，转正后月工资800元加提成，如果营业情况好，每个月的收入可以达到2000元左右。作为一名刚刚毕业的中专生，这样的待遇对她来说，着实是很大的诱惑。但韩小花了解到，进这家公司，每人要收取200元的服装保证金，用于制作工作服，离开公司的时候，200元可以原封退还。韩小花想："现在社会上各种招工骗局比较多，都是要收各种保证金，会不会是骗局呢？"但是又一想，这家公司是在比较正规的人才市场发布的消息，应该不会有问题。为了慎重起见，韩小花决定等一等。接下来的几个星期里，韩小花发现，这家公司仍然一如既往地在人才市场上招聘工作人员，不仅如此，当地一家较有影响的地方报纸也发布了这家公司的招聘启事。于是韩小花来到了公司的办公地点参加面试，同时还来了许多重点大学的毕业生。在这种情况下韩小花交了200元服装保证金。当韩小花按照公司的约定来到其办公地点参加培训时却发现，公司和主管人员早已经人去楼空。

2. 合同协议陷阱

（1）就业协议陷阱。大学毕业生按要求要与用人单位签订三方就业协议，任何一方违约都要承担违约责任。但三方协议只是一个初步的就业意向，并没有详细的工作岗位、待遇、报酬等细节。有的用人单位就利用这一点，在签协议前许诺各种好的工作条件，等到毕业生去单位签订劳动合同时，用人单位擅自降低毕业生待遇，达不到以前承诺的条件，毕业生要离开的话又要承担违反就业协议的责任。

（2）合同陷阱。劳动合同对于每个大学毕业生并不陌生，然而对什么样的劳动合同才能够保障自身的合法权益却不清楚。就业中最常见的合同陷阱大致有四种:一是口头合同，即一些用人单位就责任、权利、利益与求职者达成口头协议，不签订书面合同，一旦有任何问题，口头约定即化为泡影；二是格式合同，即一些用人单位按照国家有关法律规定或劳动部门制定的劳动合同范本与求职者签订合同，这种合同从表面上看无可挑剔，可具体条款往往含糊不清，甚至可以有多种解释，一旦发生劳务纠纷，签订的劳动合同丝毫也帮助不到应聘者，反而常常成为用人单位为自己推脱责任的武器；三是单方合同，即某些用人单位在与毕业生签订劳动合同时，只约定求职者有哪些义务，违约需要承担哪些责任，而对应聘者的权利却只字不提；四是“两张皮”合同，即一些用人单位为躲避监管部门的检查，往往与应聘者签订两份合同，一份是用来应付劳动部门的检查，另一份才是双方需要履行的合同，而其中经常出现一些侵害就业者合法权益的条款。

3. 试用期陷阱

招聘单位利用试用期骗取廉价劳动力，在试用期即将结束时便以各种理由辞退求职者，而不用担负任何法律责任，并再一次以很少的薪水继续招聘同样也不会熬过试用期的新人。周而复始，以此来降低企业运营成本。

4. 薪酬陷阱

一些招聘单位打着“高薪诚聘”的诱人广告，或任意延长工作时间、增加工作量，或在月底兑现时借口业绩不合格、工作失误来扣除实习大学生部分薪酬。很多应聘销售岗位的毕业生就被公司的责任底薪忽悠了，干完一个月有时连工资都领不到，因为无法完成故意拔高的、指定的工作业绩，反而被说成是求职者能力不够，这也是无良心的公司故意混淆工作报酬的惯用伎俩。还有的单位以考察毕业生专业能力为借口，让应聘者完成某项工作，如编一个小程序、设计一个广告、改造一个工艺流程等，一旦工作完成后，便以条件不符为由，拒绝录用。

案例2

白静是内蒙古某职业院校的一名计算机专业应届毕业生，编程能力很强。在学校举办的一次大型双选会上，以优异的专业成绩和实习单位较高的评价，被一家小有名气的内资IT企业相中，并很快签订用人合同，双方商定试用期为3个月，试用期间月薪为1500元。当其他同学还在为找工作东奔西走的时候，满心欢喜的她已经开始上班了。可是天有不测风云，谁曾想，刚结束春节休假上班的白静一到公司，便接到人事部门一纸解约通知，称“通过试用，发现白静不适合在本公司工作，决定解除双方的试用合同……”公司的决定，让她感到非常突然，“就在春节前，她通宵达旦，加班加点设计出来的一个财会软件还受到部门经理的夸奖，怎么突然就变卦了呢？”她感到十分不解。后来，一位共过事的公司员工向她道明了事情的真相：“公司根本没想要你这个人，只是需要你设计的软件，公司只是想无偿占有你开发的软件而已。”白静才幡然醒悟，原来自己天真地掉进了用人单位设下的智力陷阱中。

三、信息安全

在网络信息飞速发展的背景下，大到国家机密外泄、小到个人信息传递，信息安全问题已经成为人们关心的重要问题。

1. 信息的有效性

真实的就业需求信息和大学生个人信息得到有效保护是确保大学生顺利就业的首要前提，在很大程度上就业信息的可靠性决定着大学生的就业安全，没有安全的就业信息，大学生要安全就业也很难实现。

2. 虚假招聘信息

有些公司将实际上的“业务员”说成是招聘“业务经理”、“市场总监”。又在招聘时给毕业生许以高薪等优厚待遇，但实际情况与之相差甚远。部分不良用人单位打着招聘的幌子，收集毕业生的个人信息，将其出卖以谋取非法所得。甚至一些企事业单位为应付政府的号召和要求，到就业“双选会”或者毕业生人才市场凑数走过场，即使与毕业生签订了就业协议或意向书，待毕业生到单位报到时以各种借口予以拒绝。

3. 信息泄露

一些招聘会场上，人们常可看到大学生的简历被随意丢弃在地上，许多网站提供的求职者登记简历，不需要任何身份认证便可随意浏览个人资料、联系方式等信息。大学生个人信息的随意泄露可能会给求职者带来意想不到的麻烦。若大学生的个人信息过多地被泄露，有可能沦为欠费、欠款、担保等各种形式的债务人，甚至成为被诈骗、敲诈勒索的对象。鉴于此，大学生对告知用人单位自己的信息持审慎的态度是值得提倡的。

案例3

江西于都县大学生刘某从湖南某大学毕业后，在回家的火车上，与一个陌生中年男子聊了起来，而且越聊越投机，便把自己找工作的烦恼跟他倾诉了一番。中年男子听后便掏出一张名片给刘某说：“我是某公司的总经理，我发现你谈吐不凡，充满智慧，有意聘你到我公司上班，你把你的家庭情况和联系方式告诉我，我回公司后让人力部门与你联系。”当天中午，刘某家中接到一个电话，一个男子说，他是刘某的同学，一起准备搭火车回家，在火车站刘某被一辆汽车撞飞，肇事车辆逃逸。刘某现在医院抢救，医生要家属赶紧交2万元的住院费。刘某的家人听后有些怀疑，为验证这名同学的身份，提了好几个问题，对方都回答得清清楚楚，而且对方还把刘某的家庭情况简要说了一遍。刘某的家人相信了，急忙凑了2万元钱，按照对方提供的账号汇了过去。钱刚汇出去，刘某就到家了，家人才反应过来是上了骗子的当。

四、就业公平

大学毕业生都享有平等的就业权利和资格，用人单位不能以任何理由侵害大学生的平等就业权。然而，社会上存在着许多大学生就业不公平的现象。

1. 自然属性

大学毕业生就业时的自然属性主要包括性别、容貌、身高、年龄等条件。

（1）性别歧视。在当今的就业市场中，因为性别因素而无法获得就业机会的情况十分普遍。许多女大学毕业生有过被用人单位拒绝招聘的经历。

（2）容貌歧视。在许多招聘广告和面试中，五官端正、肤白貌美或英俊潇洒已经成为公认的招聘潜规则。

（3）身高歧视。许多用人单位都对所聘员工的身高做出了要求，不符合条件者没有资格获得工作，这实质上是一种对平等就业权的侵害。

（4）年龄歧视。许多用人单位对所招聘的大学毕业生都会做出年龄限制，凡是超越年龄界限的都不会被录用。

2. 社会因素

（1）“潜规则”。在一些行业内，存在着主要招聘员工子女的情况。往往是一些工资福利待遇很好的单位，非本单位的职工子女很难被录用。

（2）人脉资源。在我国传统的社会习俗中，“关系”发挥着十分重要的作用。一些“关系”较硬的大学毕业生在求职就业过程中往往会动用各种社会关系以求得工作，严重损害了其他大学毕业生的平等就业权。

（3）户籍政策。我国长期存在着严格的户籍制度，各个地区为了解决本地区的就业问题，都以各自生源地的大学毕业生为主要招聘对象，对非本地户口的毕业生则往往不予考虑。

（4）学校和学历歧视。一些用人单位在他们的招聘信息中往往都带有“大学本科学历及以上”、“毕业于211院校”等条件要求。

第二节　大学生就业权益的安全保障

一、就业权益

大学毕业生就业制度改革正逐步走向市场化、法制化，大学毕业生在整个求职择业过程中应增强法律意识，自觉遵守市场规则，学会运用法律武器保护自己的合法权益。

根据目前大学生就业政策和有关法律、法规的规定，毕业生在求职就业过程中主要享有以下几方面的权益。

（1）接受就业指导权。我国《高等教育法》规定，“高等学校应当为毕业生、结业生提供就业指导服务”。由此可以看出，接受就业指导和服务是毕业生的一项重要权益。各高校应成立专门的大学生就业指导服务机构，配备专门人员对毕业生进行就业指导和服务。

（2）平等就业权。毕业生在参加就业求职过程中，应当享有平等就业权。平等就业，应当包括及时、全面、有效地获取就业信息，能被公平、公正、择优推荐，参加“双选”时与用人单位自主洽谈协商等。在国家就业方针、政策指导下“双选选择，自主择业”。

（3）公平待遇权。用人单位在录用毕业生的过程中，应当公平、公正，一视同仁。公平受录用权是毕业生最迫切需要得到维护的权益。

（4）违约求偿权。毕业生的就业协议一经签订，毕业生、用人单位、学校三方都应严格履行，任何一方提出变更或解除协议，均需得到另外两方的同意，并应承担违约责任。对于用人单位无故要求解除就业协议的，毕业生有权要求对方严格履行就业协议。

二、就业过程中个人权益的自我保护

1. 了解有关政策和法律规定

毕业生应了解目前国家关于毕业生就业的有关方针、政策和规定以及它们之间的关系，毕业生在就业过程中的权利和义务。

如果在就业过程中用人单位的规定与国家的政策、法律、法规相抵触，侵犯了自己的权益，毕业生应善于维护自己的合法权益。

2. 签好就业协议及合同，充分发挥其应有的作用

（1）就业协议，全称为《普通高等院校毕业生就业协议书》，一般是由国家教育部统一制定。是由学校作为推荐人，毕业生与用人单位签订的一份意向性协议，是明确毕业生、用人单位和学校在毕业生就业工作中权利和义务的书面表现形式，这个协议带有强制性，用人单位在接收应届毕业生时都要签订此协议。

签订就业协议是一种法律行为，协议书一经签订，便视为生效合同，具有法律效力。签订就业协议，是确认签约双方权利和义务的必要程序，又是处理就业纠纷的主要依据，毕业生应该正确认识和严肃对待就业协议书，慎重签订就业协议。实践中，经常出现一些用人单位与毕业生、学校签订“三方协议”后，依据“就业协议书”中“如有其他约定，应在协议书的备注栏中明确，并视为本协议的一部分”的条款，与毕业生另行签订一份比较详尽的劳动合同。这种劳动合同由于不是国家统一制定的格式合同，用人单位有可能会要求毕业生承担额外的不合理的义务，如过长的服务期限、不合法的离职赔偿等，有的甚至扣押毕业文凭。如果遇到这些情形，毕业生应坚持原则，依据国家有关法律和规定，据理力争，避免陷入劳动合同陷阱。

（2）就业协议书的主要作用是作为毕业生落实用人单位，用人单位同意接收毕业生的主要依据，也是毕业生学校制定毕业生就业方案、毕业生就业主管部门编制毕业生就业计划的重要依据之一；是毕业生落实用人单位后，与用人单位订立毕业生就业协议可以杜绝用人单位和毕业生在双向选择过程中的随意性，以保护双方的权益，避免给制定毕业生就业计划和方案带来混乱；是办理毕业生就业手续的依据，是确认就业意向和劳动需求的凭证。

（3）签约时应注意的问题。大学毕业生的就业协议明确了毕业生、用人单位、学校三方的权利和义务，具有法律约束力，也涉及毕业生的切身利益，因而毕业生在就业签约时应注意以下几个问题，以切实维护自身在就业过程中的合法利益。

为避免就业协议和劳动合同的矛盾，使就业协议拟定的权利和义务更加明确，目前，我国上海市已开始试行就业协议和劳动合同合二为一的做法，即在就业协议中增加劳动合同的内容：劳动合同期限，工作内容，劳动保护和劳动条件，劳动报酬，劳动纪律，劳动合同生效条件，违反劳动合同的责任等条款，切实履行和维护毕业生和用人单位双方的义务与权利。

案例 4

有一家用人单位在学生毕业后去报到时宣布：企业由于种种原因缓建，新去的高职生一个也不接受。这时，学生找到学校，因为错过了找工作的最好时间和机会，同时，也是该企业违约。所以，通过学校与该企业商量和调解，最后该企业支付给学生一定数额的违约金，由学生另找单位。当然，权利义务是一致的，如果毕业生无故违约或者解除劳动合同，也应当赔偿由此对用人单位造成的损失。

大学毕业生签订《就业协议书》后要诚实守信，没有特殊情况不要轻易违约。如果确有特殊原因需要违约，可按照下列程序办理。首先向已签约的用人单位提出申请，写明违约理由；其次经用人单位同意后，向用人单位承担违约责任：第三持用人单位同意违约的函信和已签订的《就业协议书》交到学校毕业生就业工作部门，经审查并向学校承担违约责任后，再领新的《就业协议书》。

违约，给诸多毕业生带来的是“一种说不出的痛”；同样，也给作为“签约三方”的另外两方——学校和用人单位造成许多难言的“伤痛”。违约所带来的最大的压力是学校，学校既要对自己的学生负责，又要对用人单位负责，无论任何一方毁约，另一方都会找到学校，每年处理这类事情给学校带来很大的工作量，处理不好单位和学生都有意见。学校要对用人单位负责，对学生负责，也要对学校在社会上的信誉负责。所以，对毕业生的违约问题应该给予高度重视。

（4）就业协议的时间有效性与劳动合同的衔接。就业协议作为我国现行毕业生就业制度下毕业生从学校走上工作岗位的一种过渡凭证，一般情况下，在毕业生和用人单位签订劳动合同后，就业协议自动终止。由于毕业生就业协议签订在先，为避免在日后订立劳动合同时产生纠纷，应尽可能将劳动合同的主要内容体现在就业协议的约定条款中，并明确表示在今后订立劳动合同时应予确认。否则，双方日后就劳动合同有关内容达不成一致意见，且事先无约定时，若毕业生表示不愿在该单位工作，用人单位反过来要毕业生承担违反就业协议的责任。因而毕业生在就业过程中应就劳动报酬、试用期、住房、服务期限等劳动合同的主要条款与用人单位事先协商，体现在就业协议中，并将协议结果书面化，而不应只作口头约定，避免今后发生纠纷，无证可查。

因此，毕业生与用人单位签订了就业协议不能等同于签订了劳动合同，毕业生与用人单位在签订就业协议之后，还必须签订劳动合同，以保护自己的合法权益。目前的实际情况是毕业生到单位工作后，双方才签订劳动合同。

3. 用法律手段维护自身合法权益

由于大学毕业生就业市场尚不成熟，有关法律、法规和制度尚不健全，加之社会风气和人们旧观念、旧思想的影响，在就业过程中不可避免会出现一些不公平现象，侵害了毕业生的正当权益。在自身权益受到侵害时，毕业生有权向用人单位上级主管部门提出申诉，也可提交给当地的劳动仲裁机构进行调解和仲裁，或直接向人民法院提起诉讼。

第三节　非法传销与就业安全

当前，高校毕业生就业环境复杂，就业竞争日趋激烈，不少大学生毕业后一时无法找到满意工作，这给传销组织的发展有了可乘之机。一些先前遭到打击的传销组织，目前也出现了回流的迹象。非法传销如何能逐渐向大学校园渗透？值得我们深思。

一、传销及其特点

传销是指传销的组织者或经营者发展人员，通过对被发展人员以其直接或间接发展的人员数量或者销售业绩为依据计算和给付报酬，或者要求被发展人员以交纳一定费用为条件取得加入资格等方式牟取非法利益，扰乱经济秩序，影响社会稳定的行为。传销组织都有一定的相似之处，具有如下特征。

（1）组织严密，行动诡异。传销组织通常以各种借口将人员骗到外地参加活动，组织过程异常严密，普遍实行上下线人员直接一对一联系，传销组织者实行异地遥控指挥。

（2）惯用套路。传销组织多以“介绍工作”、“创业培训”、“团队训练”、“口才培训”等为借口，诱骗同学、朋友、亲戚等参与到传销活动中。

（3）鼓吹高额回报。传销组织大多都制定有貌似公平且吸引力强的“高额回报计划”，利用貌似科学合理的奖金分配制度的歪理邪说理论，大肆鼓吹传销活动的高额回报，使传销参与者很容易产生创业投资的欲望，进而落入传销陷阱。

（4）对参与者进行洗脑。传销组织对参与人员经常进行团体授课，伴以各种交流谈心等方式，不间断的灌输暴富思想，使参与者深信不疑、义无反顾地加入到传销行列中。

（5）商品道具价格与现实严重背离。对传销而言，所谓的中介商品只是一种工具或者是“道具”，这种“道具”本身就是为骗取钱财发展人员而选择使用的，更有甚者，有些传销商品本身就是虚拟的。因此，被用来传销的商品价格与价值严重背离，绝大多数难以衡量价格的化妆品、营养品、网络虚拟物等。

二、高校大学生传销案例剖析

案例5

张某、吴某、李某（女）是在同一高校上大四的美术专业的同班同学。2012年的一天，认识张某的周某从广州打来电话，说他现在是广州一家广告公司的业务副经理，近来因业务发展，急需招聘美术、广告设计方面的专业人才，希望张某和他的同学能利用假期机会，来广州实习打工，月工资2000多元。如果觉得可以，毕业后可去该公司工作。张某便与同学吴某、李某三人一起到了广州。第二天，周某拿来合同书让他们每人填写了一份，并说："您们现在已与公司签订了合同，明天就正式上班，但每人要交押金3000元。如辞职离开公司，押金随时如数退还"。三人一想，既有熟人，又有合同和承诺，便从准备交学费和生活费的钱里拿出3000元交了押金。当天下午，周某就带三人开始岗前"培训"。"培训"并不是讲广告设计等工作方面的事情，而是讲怎样赚钱，怎样暴富和赚钱要不择手段以及"发展下线、金字塔"理论等。在这样几次的"培训"、"洗脑"中，主讲的这些人慢慢地就撕掉了遮羞布，"传销"的面目暴露无遗。经过几天"培训"、"洗脑"后，公司让他们"上班"，就是打电话、动员蒙骗您认识的、想找工作的人来"工作"。他们三人就这样上了"贼船"。转眼到了开学，他们也没有回校上课。学校向家里打电话寻找时，家里才知道孩子还没去学校报到，吴某、李某的家长忙从广州把二人追回送到学校。此时，他俩一分钱也没挣下，反而连押金也没有要回来，前后每人共被骗了4000多元。而张某却铁了心，死心塌地地走下去，最后被学校除名。

从以上案例可以看出，当前高校毕业生陷入非法传销，原因主要在于以下两个方面。

1. 外部环境因素

首先，从社会大环境来看，诚信缺失给了犯罪分子可乘之机。特别是在2008年全球经济陷入衰退，就业形势就更加严峻，不仅加剧了大学生就业问题，更导致大学生陷入传销的现象日益增多。其次在经济环境中，社会失业率居高不下、贫富差距不断拉大，两极分化严重，导致人们急切求富心理。

2. 大学生自身原因

从大学生自身角度看，生活在象牙塔里的“天之骄子”们由于社会阅历浅、明辨是非能力差，容易盲目从众。当看到周围一些同学、老乡参加非法传销活动，开始可能会有一些怀疑，但在群体的影响下，逐渐就打消了自己的疑虑。但是不合理、不可能的事听多了，就相信了。就业期望值过高、就业价值取向的趋利性都会导致大学生在抵制传销的过程中免疫力降低，从而受到传销的侵害。有些大学生渴望励志磨炼、寻找自信、全面提升个人竞争能力。而传销组织恰恰就利用大学生的这些特点，采用集体生活方式，参与者通常吃菜叶、啃馒头，美其名曰“磨炼意志”，并大肆宣扬这种所谓的“吃苦耐劳”、“勤俭节约”是传统美德。传销组织还经常开展“团体小游戏”、“一分钟自我介绍”等活动进行演讲口才、组织管理能力锻炼，让被骗大学生感觉到这些活动对自己的成长成才有所帮助，进而一步步融入非法传销行列中。

在一些被骗参与传销的大学生中，不少都是来自农村的贫困家庭。原因很简单，在当前就业竞争如此激烈的环境下，这些贫困学子更想早日创业、快速致富，帮助家庭摆脱贫困状况。传销组织抓住并迎合他们的这种心理，通过宣传“成功人士的成长经历”、“如何在一年之内拥有百万资产”等快速致富的方法，扭曲传销参与者的人生观、价值观，让这些大学生慢慢将金钱作为人生唯一的追求目标，因而为达目的，不择手段。

被传销组织诱骗的大学生，往往是在大学里不善与人沟通，平时表现平平，得到老师的关注和同学的关心相对较少，容易被人忽视的学生。他们渴望关爱、追求平等，所以就极容易被传销组织诱骗利用。传销组织惯用“二八原则”，即用80%的精力谈感情，20%的精力谈事业来拉拢欺骗这类大学生，在被骗大学生眼中，传销组织者像“家人”一般无微不至的关心大家；团伙成员间互相爱护、互相尊重、互相平等。在这种温情气氛里，参与者必然对非法传销组织这个“大家庭”产生心理上的依赖。

三、警惕传销魔爪，加强大学生就业安全教育

1. 强化大学生就业教育与指导，增强就业适应性

在当前大学生就业竞争日益激烈的社会环境下，为应对日趋复杂的就业安全问题，帮助大学生提防传销陷阱，远离非法传销，高校要切实加强就业教育与指导工作。

高校要加强大学生就业的安全教育工作，组织开展“防止传销进校园”专题宣传教育活动。通过宣讲传销的危害、防范传销的基本知识及打击传销的政策与法律法规，结合典型案例剖析，组织受骗人员现身说法等生动直观的教育方式，引导大学生增强识别传销的能力，切实提高大学生防骗意识和人身安全保护意识。

高校要引导大学生树立正确的价值观和就业观，让大学生体会到人生价值的体现形式不仅仅是金钱，还可以是情感、荣誉、义务、责任等，要大力倡导学生树立艰苦创业、勤劳致富的就业理念，让学生明白财富和幸福生活要依靠诚实劳动才能得来的道理，切不可轻信网络上所谓“创业奇才”的“创富神话”。

高校要加强对大学生就业技能的培训，开展诸如走进校友、职业生涯规划大赛、创业大赛、模拟面试等各种就业指导活动，教育大学生立足自身的专业特长和综合素质，选择适合个人发展的就业岗位。

针对目前人才市场中就业信息混乱的突出问题，高校要重视和加强毕业生就业信息服务平台建设。严格过滤就业信息，严把信息审核关，确保就业信息安全、畅通，为大学生提供及时、准确、安全的就业信息。

高校要积极引导毕业生提高对招聘信息的甄别能力，学会作必要的安全分析，在就业过程中提高就业安全意识，加强求职信息资

料安全，防止个人信息被不法分子获取，正确运用法律维护自己的正当权益。

2. 加强就业管理，避免就业放任自流

毕业生在就业期间，要确保高校管理到位，主要应从以下几个方面做好工作。

① 转变毕业生就业观念。首先，高校应对毕业生严格管理，同时积极改变学校管理模式，强化管理服务功能，真正以生为本，把管理的每一项工作都变成为毕业生服务的具体行为。其次，积极引导大学毕业生就业过程中的自重、自爱、自警、自律，真正提高他们在就业过程中自我管理的自觉性。健全毕业生管理制度。为了加强毕业生的管理，针对当前复杂纷繁的就业市场环境和日趋激烈的就业情况，高校必须及时出台适应新形势的管理规章制度，确保毕业生管理不存在“真空地带”。

② 管理手段科学化。要充分发挥现代化通讯技术和计算机网络在毕业生管理中的应用，对毕业生就业过程中遇到的危急情况和困难应及时予以帮助，力求达到管理科学、资源共享。

③ 拓宽就业渠道。毕业生就业最突出的问题是就业的流向不平衡，使本已严峻的就业问题更严重。为拓宽毕业生就业渠道、优化就业环境，高校就必须认真贯彻中央确定的“市场导向，政府调控，学校推荐，学生与用人单位双向选择的高校毕业生就业制度。”

④ 充分发挥学校就业指导中心的作用。要加强对毕业生的就业指导，严密组织，搞好协调。充分发挥校园网的作用，及时公布每年学生的就业信息，为毕业生提供尽可能多的就业信息。要宣传国家引导和鼓励毕业生面向基层就业的各项优惠政策，要尽最大努力宣传学校、提高知名度，从而吸引更多的用人单位来学校招聘，让毕业生不出校门就能联系上求职信息，使毕业生就业过程中的安全问题得到较好的解决。

总之，高校要不断加强大学生的就业教育和指导，充分发挥毕业生就业相关职能部门的管理、监督和服务作用，努力营造高校毕业生安全就业氛围，共创大学生和谐就业环境，有效防止非法传销向高校大学生渗透。

参考文献

[1] 肖波 主编.大学生安全教育.成都：电子科技大学出版社，2011年.

[2] 安春梅、陈海霞主编.大学生安全教育读本.长春：吉林大学出版社，2010年.

[3] 徐明江等主编.大学生安全教育教程.北京：中国传媒大学出版社，2012年.

[4] 桑希臣主编.大学生安全教育读本.长春：吉林大学出版社，2009年.

[5] 朱玲主编.大学生安全教育知识读本.武汉：华中师范大学出版社，2012年.

[6] 王秀章主编.大学生安全知识指南.北京：中央编译出版社，2011年.

[7] 周全厚，高飞主编.防范与对策——大学生安全教育.北京：新华出版社，2013年.

[8] 陈伟珂，赵军主编.大学校园公共安全应急知识手册.天津：天津大学出版社，2013年.

[9] 桑希臣主编.大学生安全教育读本.吉林：吉林大学出版社，2009年.

[10] 吴志坚，楼洪昌主编.消防安全基础.北京：高等教育出版社，2009年.